イギリス炭鉱ストライキの群像

新自由主義と闘う労働運動のレジェンド

熊沢誠
Kumazawa Makoto

旬報社

目次

序章　今なぜ、イギリスの炭鉱ストライキ（一九八四〜八五年）の物語を描くのか …… 9
はじめに …… 11
新自由主義社会への「敗者の眼」／顧みられるレジェンド／日本の労働界へのメッセージ／叙述の底流――産業民主主義のゆくえ／主要文献の紹介

第1章　イギリス炭鉱ストライキ（一九八四〜八五年）の史的検証 …… 25
1　ストライキのアウトライン …… 27
発端／経過と時期区分
2　〈一九八〇年代イギリス〉という背景 …… 31
社会民主主義体制下の強靱な労働組合運動／世論の動向と「ニューリアリズム」

第2章　第Ⅰ期：八四年春　ストライキの拡大と強権の始動 …… 37
1　遊撃ピケという戦略 …… 39
ストライキと遊撃ピケの連鎖／最初の死者、ピケに対する警察の「実力行使」／全国炭鉱労働組合

（NUM）の全国投票回避

2　準備されていた権力の構造と論理……46
リドレイ・プラン／マーガレット・サッチャーの思想と決意／労働諸法の改正／警察権力の整備

3　画期としてのオーグリーヴ……57
製鉄所への遊撃ピケをめぐって／オーグリーヴ・五月の攻防／オーグリーヴ・六月の攻防

第3章　炭坑夫とはどのような人びとなのか……65
護るべきもの／さまざまの体験がもたらしたもの／下からの自発性／ストライキの倫理コード

第4章　第Ⅱ期の苦闘：八四年夏〜秋……77

1　強権の発動……79
団体交渉の挫折／民法的弾圧の本格化

2　サッチャーの憂慮のとき……84
全国ドック・ストライキのゆくえ／全国炭鉱保安・監督者組合（NACODS）争議の帰結

3　他組合のNUM支援、その理念と現実……89
イギリス労働組合会議（TUC）の対応／労働現場でのNUM支援／広汎な支援拠金と物品供与

4　復職者＝スト破りの「争奪」……96
復職促進ドライヴ（BWD）に対抗するピケ／容赦なき弾圧とムラ・コミュニティの抵抗

第5章　ストライキを持続させるムラ・コミュニティ……103
女性たちのフード・キッチン／支援領域の多様性／子どもたちの学校体験／女たちの変化　立ち上がる炭鉱ムラ・フェミニズム

第6章　第Ⅲ期の軌跡：八四年一一月〜八五年三月……115
1　一九八四年冬の苦境……117
復職促進ドライヴ（BWD）の本格化と引き続くバトル／ピケ・バイオレンスへの惰力／孤立するNUM／クリスマスの灯

2　一九八五年冬、耐えうる限界の果てに……128
暗鬱な新年／復職者の激増／貧困の諸相／助け合いのかたち／団体交渉の帰結／「協定なきストライキ収束」論の台頭／なお屈せざる行動／ストライキ終結の決定／仕事に戻るマーチ（Back to Work March）

第7章　その後の憂鬱な経過 …… 151
1　労使関係論からみた総括 …… 153
弾圧の傷跡　数値的確認／炭鉱閉鎖と解雇撤回要求のゆくえ／経営主導の労使関係への変容／新しい人事・労務管理の浸透
2　石炭産業の衰退 …… 161
冷厳な時代の変化／「イエスタデイズ・バトル」
第8章　思想的・体制論的な総括 …… 165
1　サッチャーの勝利が招いた社会 …… 167
新自由主義・個人主義・議会制民主主義／産業民主主義の意義／産業民主主義の試練(1)――生活を守る方途としての個人主義／産業民主主義の試練(2)――要請される議会制民主主議とのバランス
2　新自由主義のかなたに …… 178
新自由主義の支配する社会／一九九〇年代後半以降：対抗する潮流／例外としての現代日本　労働運動の状況／「まともな労働組合」への未曾有の刑事訴追
むすびにかえて …… 189

フラッシュバック／新自由主義に対抗する労働運動のレジェンド
英略語一覧……8
主要参考文献一覧……195
イギリス炭鉱ストライキ略年表……197
主要炭鉱分布
イギリス全土　10　ミッドランズの炭田　26　サウス・ヨークシャーの炭田　38
サウス・ウェールズの炭田　66
あとがき……206

■英略語一覧

ACAS…………Advisory, conciliation and Arbitration Service　諮問・調停・仲裁機構
ASLEF………Associated Society of Locomotive Engineers and Firemen
鉄道機関士労働組合
AUEW………Amalgamated Union of Engineering Workers　合同機械産業労働組合
BR………………British Rail　イギリス鉄道公社
BSC……………British Steel Corporation　イギリス鉄鋼公社
CEGB…………Central Electricity Generating Board　電力公社
CPSA…………Civil and Public Services association　公務員事務職員組合
EEPTU………Electrical, Electronic, Telecommunication and Plumbing Union
電気・電子・通信・配管工組合
GMBATU……General, Municipal, Boilermakers and Allied Trades Union
都市一般・製罐・関連労働組合
HC………………High Court　高等法院
ISTC……………Iron and Steel Trades Confederation　鉄鋼労働組合連合
NACODS……National Association of Colliery Overmen, Deputies &Shotfirers
全国炭鉱保安・監督者組合
NALGO………National and Local Government Officers
全国・地方行政職員組合（のち UNISON）
NCB……………National Coal Board　全国石炭公社
NDLS…………National Dock Labour Scheme
全国港湾労働計画（港湾労働の臨時性克服の規制）
NGA……………National Graphical Association　全国写植印刷工労働組合
NHS……………National Health Service　国営医療サービス
NUM……………National Union of Mineworkers　全国炭鉱労働組合
NUPE…………National Union of Public Employees　公務員現業労働組合
NUR……………National Union of Railwaymen　全国鉄道労働組合
NWMC………Nott（National）Working Miners Committee
ノッティンガム（全国）就労坑夫委員会
PDSA…………Plan・Do・See・Action　計画・実行・検証・改善行動
日本企業の誇る連環的な作業管理
PSU……………Police Support Unit　警察支援隊
SOGAT………Society of Graphical and Allied Trades　写植印刷及び関連労働組合
SP………………Sheffield Policewatch　シェフィールド警備監視団
TGWU………Transport and General Workers Union　運輸一般労働組合
TUC……………Trade Union Congress　労働組合会議
UDM……………Union of Democratic Mineworkers　民主労働組合
UNISON……ユニソン（NALGO、NUPE、NHS 職員労組の大同団結した公共サービス労働組合）
WAG……………Womens' Action Group　炭鉱コミュニティに形成された女性活動団体
WSA（Womens' Support Group）も同種のグループ

序章　今なぜ、イギリスの炭鉱ストライキ（一九八四～八五年）の物語を描くのか

■主要炭鉱分布　イギリス全土

はじめに

今から三九年前、一九八四年三月から八五年三月のイギリスでは、保守党サッチャー政権による国有石炭産業の炭鉱閉鎖と人員整理に抵抗する炭鉱労働組合の大きなストライキがあった。全炭坑夫の八〇％以上、およそ一三万人以上の坑夫たちが一年間にわたって就業を拒む、それはイギリス労働史上でも未曾有の大争議であった。日本では中曽根内閣の行政改革による国鉄の分割・民営化が強行されていた頃である。

このストライキに対して、イギリスを新自由主義の国に「変革」するために強靱な労働組合運動を打ち砕こうと決意したサッチャー政権は、仮借なき刑法上・民法上の弾圧、スト参加の世帯を貧困に追い込む社会保障の切り下げを試み、経営側の全国石炭公社（ＮＣＢ）はストライキの坑夫を仕事に戻らせる執拗な「鞭と飴」の復職ドライヴ（Back to Work Drive 以下ＢＷＤ）を展開した。それら「強権の合力」に耐えうる限界が、ついに八五年三月三日、全国炭鉱労働組合（ＮＵＭ）にストライキの収束を決定させる。それは、その後しばらくイギリス労働運動を沈滞させる画期的な敗北であった。

本書の主な内容は、ともすれば「イエスタデイズ・バトル」とも冷徹に批評される炭鉱労働者の長期ストの軌跡を、記憶されるべき労働史として、ある意味では避けられなかった敗北の要因にも目を配りながらふりかえるものである。当時の炭坑夫と、それを支えた家族たち、それらを包容する炭鉱ムラ・コミュニティは、どのような思想や心情（マンタリテ）によって「時代の要請」を楯とした強権の合力に対抗したのか。どこまでも産業民主主義（労働三権）・産業内行動（ストやピケ）への固執を放棄しなかったのはなぜか。闘争の過程では具体的にはどんなことが起きたのか……。叙述はときに坑夫や家族たちの個人的体験にまで降りる。言いかえればこれは、この炭鉱ストライキを担った群像の物語である。

それにしても、私は今なぜ、八〇年代半ばのイギリスのストライキに屈み込むのか。この主題の意義は、現時点の日本では「時代遅れ」と感じられるかもしれない。その危惧ゆえに、後のいくらかのくりかえしを怖れず、はじめに端的に執筆の動機を記したいと思う。

新自由主義社会への「敗者の眼」

そのひとつ。サッチャーの勝利は、イギリスの「改革」を先達として一九八〇年代以降のアメリカ、ドイツ、日本など先進資本主義国において、市場万能主義をベースとする新自由主義の政策が支配的な流れとなる嚆矢となった。ラフにスケッチすれば、この政策志向のもとでは、国営・公営企業の民営化や社会保障の「節約」を中心とする公共支出の抑制がはかられ、それまでは一定規制されていた企業間および個人間競争が開放されて、労働組合運動の力が弱まった。その影響でどの国でもこの時期、社会的格差が拡大し、貧困者が増加する。集団主義的な生活防衛の方途に頼れなくなった次世代の労働者は、例えばイギリスでは、ブラッドワースが活写するアマゾンの倉庫作業員、コールワーカー、ひいては「雇用者」ではないとされるウーバー配達員を典型とするような、連帯して声をあげるすべなく、企業に拾われ棄てられる孤独な稼ぎ人となったのだ（文献⑨参照）。そしてこの国でも、ストライキ損失日数（スト件数×スト参加人数）で示される労働組合の実力行使は、いつも絶えることはなかったとはいえ、確かに二〇〇〇年代までは四〇万日台ほどには沈静したのである（労働政策研究・研修機構『国際労働比較』各年版参照）。

自立的な労働組合運動によって労働者の生活を守る慣行も、それを支える生活界隈のコミュニティも危うくする、こうした新自由主義の世界を私は批判的にみる。かつての炭坑夫たちが、長期のストライキを通じてあたかも「そうならないように」と死守しようとした自分たちの生活のありように、喪ってはならない社会の美質を見いだすことは、私にとって当然であろう。思えばこの炭鉱ストライキは、坑夫たちの政治思想をこえて、新自由主義の到来に対する最初の、組織労働者の身体を張った抵抗だったのだ。私がこの闘いを描こうとするのは第一に、坑夫たちの視点、いわば「敗者の眼」の復権が、現時点の体制の批判的認識にとって不可欠のことと感じるからである。

顧みられるレジェンド

いまひとつ、まさに現時点の状況にも注目したい。ＢＢＣ、毎日新聞、ＴＢＳなどの報道によれば、二〇二三年二月一日、イギリスでは、一〇万人の学校教師など多様な部門の公務員五〇万人もがストライキに入った。五〇〇〇人以上のデモがウェストミンスターの官庁街をぎっしりと埋め、学校の半分が休みになり、大英博物館もスタッフのストライキで休館となった。

その前年の二二年から、年一〇％に及ぶ物価高騰に苦しむイギリスの各地では、鉄道や地下鉄などの交通機関、郵便局、港湾などの労働者、救急隊員、ゴミ収集などの現業公務員、空港地上スタッフ、教師、病院や大学の若手スタッフなどによるストライキやピケが相次いでいた。要求はほぼ一〇％以上の賃上げである。とくに衝撃的だったのは、一二月一五日〜一六日における国営医療（ＮＨＳ）の看護師たちの労働組合「王立看護協会」発足以来はじめての大規模なストライキだった。

この国のストライキは、地域、産業、職業ごとにきわめて分権的に始まり、その先駆的な行動が野火のように他の職場に広がってゆくのが伝統である。なぜこのような闘いが可能なのか。そこには、労働者の生活を守るためにはひっきょうストライキしかないという、産業民主主義の意義に対する断固たる確信が息づいている。炭鉱ストライキを描く本書のすべての叙述の底流は、労働者にとってかけがえのない産業民主主義の思想と営みに当時のイギリスの強権がもたらした危機の認識にほかならない。とはいえ、この思想と実践の乏しい現代日本の読者には、「産業民主主義」の概念はあるいはなじみにくいかもしれないゆえ、とりあえずここで最小限の説明をしておきたい。

産業民主主義（Industrial Democracy）とは、周知のように、法律的には憲法の保証する労働三権（労働組合の結成権、団体交渉権、争議権）のことである。その保証は、ここが枢要の点であるが、三権行使の具体的な行動の自由、例えば争議形態としてのストライキやピケッティングの選択の自由と、その行使に対する民法上・刑法上の免責制度をふくんでいる。この産業民主主義は、従来の社会主義の国では形骸化し、新自由主義の色濃い国では、労働者間競争の鼓吹と奨励によって空洞化されがちであるけれども、およそ確かな民主主義国では広くその正当性が認められている。後に詳論するが、産業民主主義の実質なき政治的民主主義の制度だけでは、特権のないふつうの労働者にとっては民主主義はほとんど空語なのである。

サッチャー政権が八〇年代半ばに炭鉱の大ストライキを「強権の合力」をもって圧伏させた後、労働者の産業民主主義への「断固たる確信」は、一定期間・一定程度、希薄になったようである。だが、いまさまざまのエッセンシャル・ワークで働く当時の坑夫の子や孫たちは、ふたたび、この「確信」をわがものとしているかにみえる。二〇二二年一二月一七日の朝日新聞の「天声人語」は、炭鉱スト二〇年後を描く記録映画のなかで、敗北したストライキに参加した老いた元坑夫が若者たちとデモ行進して「未来はこれからだ」と語る場面を紹介し、次いでいま展開されている看護師の全国ストに言及して、「異議申し立ての文化」が継承されていると記している。そう、八〇年代半ばの炭鉱ストライキは、その敗北にもかかわらず、現時点のストライキという直接行動による異議申し立ての実践者にとって伝承されるべきレジェンドになっているといえよう。

日本の労働界へのメッセージ

さらにもうひとつ。私がこのテーマを描こうとする動機には、八〇年代から現時点までを貫く日本の産業民主主義のあまりの貧しさにあらためて衝撃を受けたことがある。そうした私たちの国の労働界に、八四年〜八五年のイギリスにおいて坑夫たち、家族たちはどのように闘ったかの実像を知らせたい、そんな思いにとらわれる。

もともと七〇年代半ば以来、スタグフレーションという「イギリス病」の「轍を踏むな」を目標とした日本の政財界が、「イギリス病」をそれなりに「治癒」したサッチャーの路線を高く評価して、新自由主義政策に邁進したのは当然であった。八〇年代の中曽根政権はサッチャーと同様に、公営企業の民営化、行政改革、多方面に及ぶ労働の規制緩和を推し進めている。同じ時期のイギリスの炭鉱閉山と軌を一にする国鉄の分割民営化と、あらゆる不当労働行為をためらわない国鉄労組の弾圧は、その代表的な施策であった。

だが、職場規制の強靱だった国労といえども、粘り強い政治的・法的な抵抗を展開したとはいえ、そしてさまざまの歴史的要因の作用ゆえにすでにイギリスとは異なる風土のもとにあったとはいえ、結局、NUMのような産業内行動の抵抗を組織することはできなかった。そのことに象徴されるように、日本を特徴づけるものは、時代のグローバルな動向としての新自由主義的施策そのものというよりは、それを契機とした労働組合運動のとめどない後退、なかんずく団体交渉の力を究極的に保証するストライキの徹底的な放棄にほかならない。欧米では九〇年代頃からいったんは沈静したストライキの行動が徐々に回復しつつあるのとは対照的に、日本では例外的に、この沈静と後退が不可逆的な傾向であった。二〇〇五年から一九年にかけて日本のスト損失日数は年平均で一万一〇〇〇日ほどにすぎない（厚労省『労働争議統計調査』各年版より算出）。この傾向はさらに進んで現在では実に一〇〇〇日程度である。ここにみる賃上げ闘争の欠如はそして、先進国としてはこれまた例外的に日本での賃金上昇を著しく停滞させている。

二〇二三年春の今、年四％の物価上昇に遭遇して「春闘相場」が注目されている。だが、誰が賃上げをするのか？　期待されるのは「賃上げのできる経済」を望ましいとする政財界の温かい配慮である。労組ナショナルセンターの連合も、野党もマスメディアも立場はほぼ同じであり、賃上げストを「口走る」有力なエスタブリシュメントはどこにもない。前出のすぐれた「天声人語」も、イギリスのストライキに息づく「異議申し立ての文化」と日本の労働組合のビヘイビアとを対照的に考える視野をもたなかった、あるいはそうした言及は禁じられていたのかもしれない。日本の労働組合運動にとって、それはなんという寒々とした風土だろうか。イギリスの炭鉱ストを描く私の記述は、このような風土の日本労働界にいわば「送りつける」ようなメッセージでもある。

叙述の底流——産業民主主義のゆくえ

サッチャーの勝利を告げる一九八五年のNUMの敗北以降、国によって程度の差はあれ、労働条件は、議会と政府の行政によって、いやそれ以上に、企業の個人別の人事管理によって決定されるのが望ましいとする志向と傾向が台頭した。いうまでもなくこの考え方は、労働組合によるストライキやピケなどの産業内行動の自由を不可欠の要素とする産業民主主義の意義の軽視、あるいは少なくともその相対視と同根である。すでに述べたように、もともと産業民主主義の希薄な労使関係の極北にあった日本ではすでに、公式組合のストライキはほとんど皆無なのである。

労働者自身による産業内行動のかけがえのなさへの確信は私の労働研究の原点であった。日本の労使関係批判の私のポイントは、その思想と行動の根があまりに浅いことにほかならなかった。とはいえ、今回の炭鉱大ストライキの学びが、従来の私の持論にある再検証を促して、見逃していた側面を確認させ、新たな課題を認識させたことは疑いない。それらについて、総括の章で立ち入って検討するつもりである。

八〇年代の炭鉱ストライキへの対決において、サッチャーはイギリスに息づいていた抑制なき産業民主主義を大きな試練にさらした。そればかりか彼女は、その完勝を通じて、社会契約的な「コーポラティズム」の選択も一蹴し、事実上、ユニオニズムの否定の域に踏み出したということができる。その惰力は、自治的で集団主義的な生活防衛の思想、産業民主主義の否定にまでいたる。くりかえすけれども、私はやはり、産業内行動の無視、あるいは少なくともその相対的軽視の傾きに危惧をもつ。それゆえ戦術的配慮に議論の余地はあるにせよ、組織労働者なればこそ可能だった伝統のストライキやピケに全精力をかけて敗北したイギリスの坑夫たちの体験を掬いたいのである。

そのうえ、坑夫たちの「守るべきものを守る」闘いは、ユニオニズムの閉鎖的な営みではなかった。このストライキについてのイギリスの記述は、信じがたいほどのなかまの連帯、義理堅さ、家族たちの相互扶助を語り、ムラ・コミュニティでの絆をほんものと感じる歓びの報告に満ちている。当事者の「充足感」ばかりではない。英文文献は、他産業のそれぞれの職場の仕事を通じての支援行動、全英各地の労働者と市民から多額のカンパが寄せられたことを記録している。フェミニスト、反原発団体、性的マイノリティ・グループなど、これまで労働運動とはあまりかかわりのなかった人びとからの支持・支援がみられたことも、このストライキの特徴のひとつだった。それは社会運動の性格を帯びた労働運動になった。サッチャーの想定とは異なり、炭坑夫たちは「国民」からさほど孤立した存在ではなかったのである。

もちろん、後に述べるように、さまざまの要因によるNUM内部の確執や、NUMへの他組合・他階層の支援の限界に、目を閉じることはできない。しかし、少なくとも記録されているかぎり、発揮された連帯の絆とネットワークは、およそ社会的労働運動を考えるとき、それなくしては不可能な人間の営みということができる。私はそこに惹かれ、その具体的な営みを再現しようとしている。

階級・階層間の闘争史の結果としての現在の状況を、ひとえに勝者の眼から評価してはならない。勝敗の帰趨はしかるべき諸要因の作用によるものとはいえ、今の社会状況を深刻な矛盾をはらむ世界と批判的にみる者にとっては、歴史の勝者が蹂躙した要素を甦らせようとする発想を求められよう。現在の権力のありようにまったく無批判でないかぎり、くりかえせば「敗者の眼」の復権が不可欠なのである。

なお、以下の記述はこのストライキを完全には時系列的に辿るものではなく、大まかには時期区分には従うとはいえ、そこでの局面の推移に大きく影響した要素をまとめて考察する項を各時期に挟み込んでいる。つまり経過のエピソード描写と要素のまとめが交互に現れる。その結果、記述される事象は、あるいは扱っている時期をさかのぼり、あるいは先走ることになる。そこからくる一定の時系列的なわかりにくさは、くりかえしを回避しようとする工夫と了解されたい。

ただ、それにしても、私の描く細部の事実はどのような記録の資料に依拠しているのだろうか。序章の最後に、書物としては異例のことながら、「先行研究」として読み込んだ主要文献についてかんたんに紹介しておきたいと思う。

主要文献の紹介

大学を離れた現在の研究環境の制約もあって、率直にいって参考・参照文献は決して豊富ではない。本文の主要な内容である炭坑夫たちの果敢なストやピケッティング、警察の実力行使の反作用としての「バトル」、ムラ・コミュニティでの相互扶助の営み、それらの場での人びとの思いなどの具体的なエピソードは、次の四冊の英書による（邦題のみ。原題は巻末の文献一覧参照）。

豊富な写真、小史の記述、詳細な年表からなる文献ナンバー①『ストライキング・バック』（二〇〇四年）は、この闘いに携わった人びとの試みと過酷な弾圧を撮る、本書には載録できない多くの写真によって、その「空気」をなまなましく実感させる。また、このストライキに深い関心を寄せたラスキン・カレッジの社会学者らが、闘争にかかわった男たち、女たちのインタビューでの語り、手記、日記、手紙などを編む②『内部の敵』（一九八六年）は、個人レベルに及ぶ体験情報と実感を文字にして、私の重視した執筆目的にとって本当に有益だった。

ピーター・ウィルシェアほか編著、サンデー・タイムス調査チーム協力による③『ストライキ――サッチャー、スカーギル、炭坑夫たち』（一九八五年）と、アレックス・キャリニコス、マイク・サイモンズ著の④『大ストライキ――一九八四～八五年・炭坑夫たちのストライキとその教訓』（一九八五年）は、ほぼ時系列に沿って、それぞれの局面のアクターたちの行動を細部にわたって具体的に明らかにする。多くは同じ事象を扱っていても、③は「中立的」、④はふつうの組合員やコミュニティの営みを高く評価する「ニュー・レフト的」であって、筆致のスタンスと事態の評価はいくらか異なる。とはいえ、いずれも「見たいものだけを見る」立場ではまったくなく、ともに闘いの具体像をたじろがずみつめ、ゆたかな情報源となりうる良書だった。同じ事実を扱っている場合には、③と④の両方、またはよりくわしく説得性のある記述のほうを採った。

しかし、ストライキの背景分析、団体交渉の経過、スト以降の経緯もふくむ労使関係的または産業論的な分析として、私がはじめからガイドとして依拠した邦文の文献は、⑤早川征一郎『イギリスの炭鉱争議（1984～85年）』（二〇一〇年）だった。これは、日本ではこのテーマを扱うほとんど唯一の、敬服すべき克明な研究書である。とくに著者が多くのページを割くストライキ後の炭鉱の状況については、私は全面的に早川本に依拠している。イギリス留学当時に渉猟した新聞報道や政府統計などを駆使したこのアカデミックな作品が、日本での関心の程度を示すものなのか、なぜか広く読まれなかったことが惜しまれる。私はこの著に教えられながらも英文資料にもとづいて、早川本が考察対象から外した男たち、女たちの具体的な物語を描こうとしている。

一方、⑥『サッチャー回顧録――ダウニング街の日々』（一九九三年）は、つよい使命感をもって炭鉱ストライキの弾圧に注力したこの「鉄の女」の問題意識、月ごとの官邸の対応や経過、ときどきの不安感や安堵を、引用に値する驚くべき素直さで語っていて、とても参考になる。むろん偏りはあれ、それは鮮烈な印象を残す。

そのほか、警察権力の行使については⑰松村高夫の好論文、ストライキ中の子どもたちの記憶については貴重な文集⑦、八五年にいたるイギリスの経済社会の事情については私のこれまでの研究や報告（主に⑩、⑪など）を適宜参照している。なお、参考文献は、ナンバーを付して巻末に一覧を示したが、まったく順不同である。また本文では、煩雑な「注」を避けて、当該箇所に文献ナンバーと参照ページのみを記した。

叙述の思い入れが過ぎて、後に詳論すべきことの一端もふくめてつい長々と書いてしまったようだ。では急いで、八四年春のイギリスの炭鉱地帯に戻って、炭坑夫たちとその家族の体験や

24

「強権」行使の具体的な物語に進むことにしよう。

第1章　イギリス炭鉱ストライキ（一九八四〜八五年）の史的検証

■主要炭鉱分布　ミッドランズの炭田

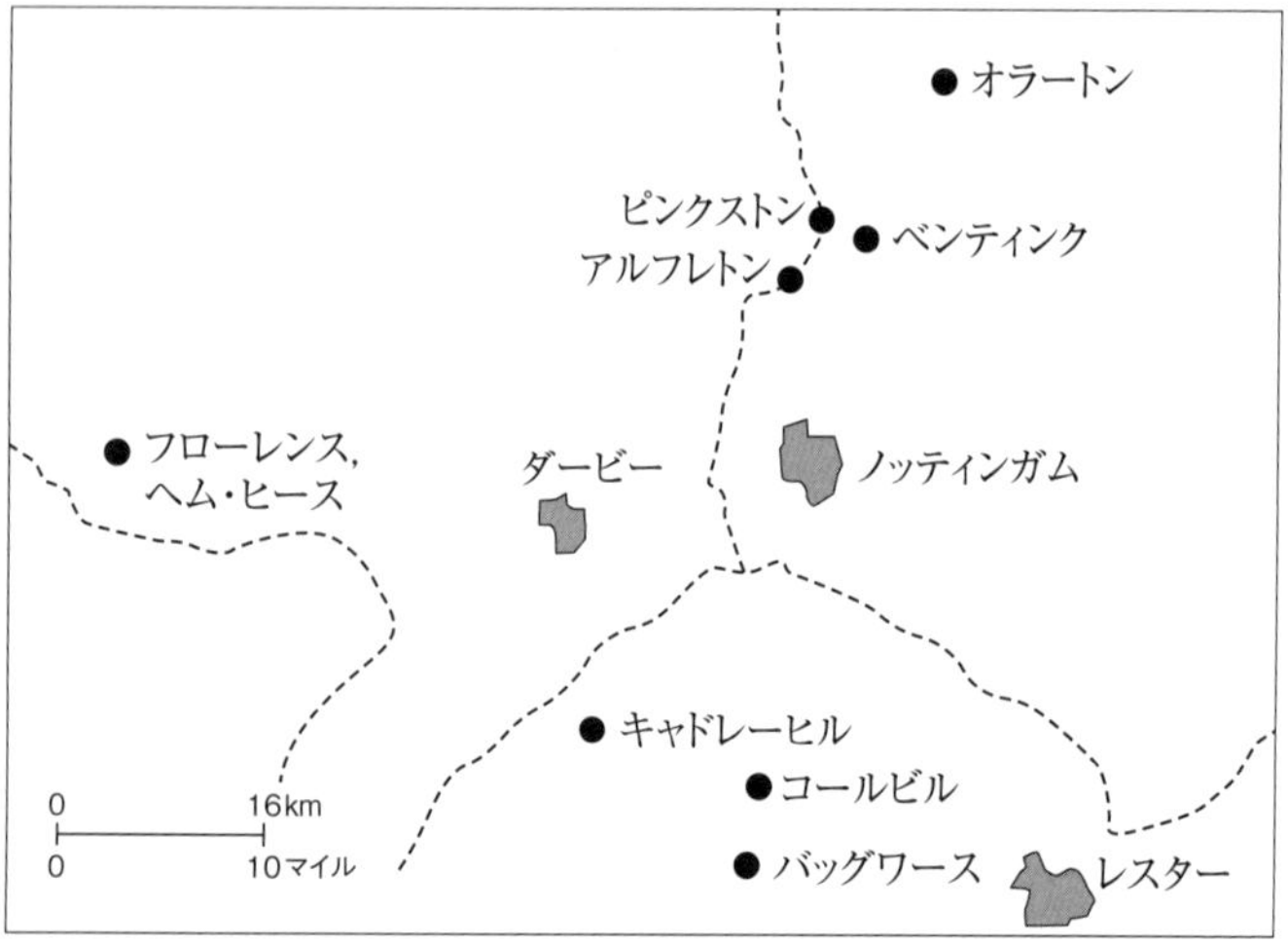

出典：文献②　The Enemy within 1986, xxii
※「炭田」はcoalfield.

1　ストライキのアウトライン

発端

一九八四年三月六日の火曜日、イギリスの中心的な炭田地帯、ヨークシャーのコートンウッド（Cortonwood）炭鉱の坑夫（miner）およそ二〇〇〇人は、マントン坑の地底へ通じる巻上げケージを封鎖した（③46）。彼らとその家族の住むコミュニティ（以下、ときに「ムラ」とする）での三日前の五〇〇〇人の集会が、月はじめに伝えられた閉山に対してストライキで闘うことを圧倒的多数で決議していたからだ。このコートンウッドの行動が、それ以降一年間、ピーク時には全国炭鉱労働組合（NUM）のメンバーほぼ一四万人が参加し、家族たちが支援し続けた、この大ストライキの嚆矢であった。

まさにその日、三月六日、ロンドンでは全国石炭公社（NCB）が、石炭四〇〇〇万トンの生産減にみあう二〇炭鉱の閉鎖と、優遇退職金つき二万人の人員整理を骨子とする合理化案をNUMに提案している。NUMのアーサー・スカーギル委員長が「野蛮な虐殺」と直ちに拒否したこの提案に対する、炭坑夫たちの怒りの噴出はすさまじかった。先駆的にスト入りしたコートンウッッドのよびかけに呼応して、ヨークシャー、スコットランド、ダーラム、ケントを中心に、全国的なストライキのうねりがおこった。NUM中央執行委員会（executive committee 以下中執と略）は三月八日、この各地の非公認ストを公認する。三月一二日には全英の炭坑夫のおよそ半分が、四月半ばには八〇％の炭坑夫がストライキに入っていた。もともとイギリスの労働組合運動の特徴は、地域・炭鉱ごとに非公認で自発的にはじめられる闘争が、すぐに広く他の職場に波及し、ほどなく正式の組合組織に擁護される、そうした分権的ながら連帯的な性格にあったが、ここにその典型をみることができる。

それればかりではない。このストライキの波及に決定的な力を発揮したのは、みずからの先進的な炭鉱でのピケッティングばかりではなく、意思決定に逡巡する他の炭鉱への参加要請の説得ピケ、いわゆるフライング・ピケの実践であった。日本ではついぞ考えられないこの鋭い争議形態を、私は「移動ピケ」または「遊撃ピケ」とよぶことにする。ここでは、早くも三月一二日以降、ヨークシャーの多数のストライカー坑夫たちが、自発的に、後に述べるさまざまの理由からストライキに消極的であった近接するノッティンガムの有力な炭鉱への遊撃ピケに駆けつけていた。法制上のタームでいえば、これは「第二次ピケ」であり、イギリスでもすでに一九八〇年雇用法で違法とされていた。それゆえ、遊撃ピケの試みは直ちに、この労働争議を特徴づける再編・強化された警察との激しいバトル（battle）を余儀なくされている。

「バトル」とはいえ、実際には、ピケのスクラムを組んだ労働者と、装備と訓練にすぐれた警官隊との激しいもみ合い、そして両者の間の圧倒的に非対称的な「武器」の応酬である。バトルになれば総じて警察側が優勢であった。けれども、八四年春の段階では、勝機はなおNUMの側にあったかにみえた……。

経過と時期区分

一年にわたるこのストライキの局面は、およそ三つに区分することができる。

Ⅰ期：一九八四年三月〜六月
Ⅱ期：七月〜一〇月
Ⅲ期：一一月〜一九八五年三月

それぞれの時期の終わりには、NUM・坑夫側をじりじりと追いつめてゆくいくつかの要因の重なる出来事があった。そしてすべての結末は、端的にいえば、サッチャー政権の完勝、労働者の完敗であった。以下の文章は、くわしい経過の記述というよりは、事態の成り行きを左右した無視できない諸要因を紹介し分析しながらも、なによりもこの闘いに加わった人びとの営みを、わかるかぎり具体的なエピソードをもって描くことを目的としている。

この長期の炭鉱ストライキは、炭鉱労働者のラディカルながらこのうえなく連帯的なストやピケ、坑夫とその家族たちの住む炭鉱隣接または近隣の町や村（以下、私の用語では「ムラ・コミュニティ」）における、女性たちを中心とする多様で創造的な相互扶助、他産業の労働者と一般市民からの広汎な支援などを、記録と記憶として残している。それらゆえ、坑夫たちのストライキは、幾多の試練と困難に耐えて驚くべき持続力を示したのである。

警察権力と司法の厳しい弾圧に加えて、ＮＣＢは硬軟さまざまの戦線離脱者・スト破り（scab）を勧誘し就労を促進する働きかけ（Back to Work Drive 以下、ＢＷＤ）を執拗に展開している。貧困に苦しむ炭坑夫たちにとって、就労に戻ることには大きな誘因があった。にもかかわらず、第Ⅲ期の一一月一八日時点で、なおストライカーは一四・四万人（就労者は五・二万人）を数えた（ＮＣＢ調べ、⑤118）。戦線離脱者がようやくストライカーの半数を超えたのは、実にＮＵＭがスト終結を決議する八五年三月三日の四日前、二月二七日なのだ。最終段階での崩れの最大の理由はおそらく、厳冬期にきわまった人びとの困窮であった。

では、このような炭鉱労働者たちの「守るべきものを死守する」思想と闘いにおける戦闘性を、相互扶助が辛うじて支えた持続力を、ついに打ち砕いた直接的な力はなにか。

それについては、とりあえず次のように指摘できよう。新自由主義をベースとして、「イギリスを支配する労働組合の過大な力」を妥協なく排除しようとする首相マーガレット・サッチャーの決意ときわめて周到な「闘争準備」。前方では警察権力、後方では司法権力の「画期的」なまでに容赦なき行使。政府・警察・裁判所に守られた石炭公社のストライキ崩し運動（ＢＷＤ）の鞭と飴。それらいずれも抗いがたい強権の合力にほかならなかった。

しかしながら、この炭鉱ストライキにおけるＮＵＭと労働者の敗因を、「強権の合力」そのものに求めることは正確ではない。むしろ、忌憚なくいえば、八〇年代のイギリスという背景のなかで炭鉱労働者の陣営はもともと不利な条件の下にあったというべきであろう。そうした背景の諸条件をしばらく探ってみよう。

2　〈一九八〇年代イギリス〉という背景

社会民主主義体制下の強靱な労働組合運動

サッチャーの側に勝利をもたらした直接の要因はまぎれもなく「強権の合力」であった。私たちが今の時点で直視すべきは、しかしむしろ、その「強権の合力」の行使を可能にした当時のイギリスという国の諸条件であろう。

例えば、すでにエネルギー革命が静かに進行中であった。第一次エネルギーの消費割合では、イギリスは他の先進諸国より石炭依存の高い国であった。それでも七〇年から八〇年にかけてその比率は三六・九％にまで漸減し、石油の三七・〇％と肩を並べている。天然ガスも五・三％、原子力・水力も四・六％にまで漸増していた。赤字炭鉱も多く、操業炭鉱数と炭坑夫もこの間、著しく減少しつつあった。炭鉱はいわば衰退産業であり、NUMはなお強靭ではあったものの、労働者階級のなかでの炭坑夫の典型性・代表性はすでに昔日のようではなかった。

それ以上に、この国における当時の経済体制のありようについて、いくらかの考察が不可欠である。一般的な説明になるけれど、総じて戦後の先進資本主義諸国は、「上からは有効需要創出のケインズ的経済政策をかぶせ、下には社会保障制度を据え、中間にはほとんど規制なき労働組合活動を承認する」社会・経済体制であった。社会主義化を防ぐためには、もともとある矛盾をはらむこの三者の組みあわせが不可避の体制選択だったのだ。そしてそのなかで、六〇年代～八〇年代半ばのイギリス、とくに労働党政権下のイギリスは、結果的に、きわめて社会民主主義的なありようになっていたように思われる。

もう少し具体的に、私なりの把握を示せば、〈公共部門の肥大＋官民横断の強靭なユニオニズム〉と、イギリスの産業社会を特徴づけることができる。その場合、国家や経営側には、生産性や収益性の枠を顧慮せずに労働条件の高位平準化を追求して行動する労働組合の分権的圧力を押さえ込む必要性がどうしても生まれる。なぜなら〈公共部門の肥大＋官民横断の強靱なユニオニズム〉は総じて、企業と労働者の双方に競争制限的なビヘイビアをもたらし、生産性の向上や生産性格差に応じた賃金決定を難しくし、製造業への生産的投資の元本の不足を招くことになりかねないからだ。世界的な石油危機に加速されるスタグフレーション、すなわちインフレと失業の負の相関が成立しない〈インフレ＋失業〉は、イギリスではこのような連環を通して現実の問題となった。その名も「イギリス病」とよばれる。

事実、一九七〇年代後半から八〇年代にかけて、この国の経済成長率、失業率、卸売物価上昇率などにみる経済的パフォーマンスは、先進諸国のなかで最悪であった（『労働統計要覧』各年版所収「外国労働経済」欄参照）。一九七九年に首相になったマーガレット・サッチャーは、それゆえ、この「イギリス病」をもたらしているのはイギリス的社会民主主義の体制であると考え、そこにまとわりつく強靱なユニオニズムを、まずもって挑戦すべき改革の対象としたのである。

経済政策的にはケインズ批判のマネタリストとして新自由主義の路線を徹底させる、なによりも企業間および個人間の競争促進をはかる、そのためには競争制限志向の「横暴な」労働組合の抑圧が不可欠である――彼女はそう思い定めたのだ。イギリス労働組合の雄ＮＵＭのストライキに、サッチャーが終始一貫して非妥協的に対決したのはそのためである。社会民主主議と社会主義を同根とみる彼女にとって、それまでのイギリスはSocialist Britainであった（文献⑥参照）、皮肉なことに、現実の社会主義国はおよそユニオニズムの不毛な世界だったけれども。

世論の動向と「ニューリアリズム」

ＮＵＭにとってさらに不利だった事情もある。このサッチャーの問題意識は、組織労働者以外の国民にも一定納得できるものだったように思われたことである。〈イギリスを支配しているのは選挙にもとづく議会か労働組合か〉と嘆いた保守党ヒース政権を崩壊させたのは、一九七四年のＮＵＭの非妥協的な賃上げ闘争であった。その後の労働党キャラハン政権の反インフレ・賃金抑制政策に対して、ゴミ収集作業員、国営医療（National Health Service、以下ＮＨＳ）スタッフ、墓地作業員などの公務員が敢行したストライキの波、一九七九年「不満の冬」の体験は、続く総選挙でサッチャーを大勝させた要因のひとつであった。労働条件の決定にはそのニーズを痛感する当の労働者自身が発言し行動する権利をもつという、産業民主主義にもともとは寛容だったイギリスの一般国民のなかにも、やはり「労働組合が強すぎる」という意識が芽生えていたことが、ここに推測されよう。

敵対する陣営ばかりではない。八〇年代前半には、世論のなかにサッチャー主義の支持者が増えてゆくなか、労働党リーダーやイギリス労働組合会議（ＴＵＣ）およびいくつかの労働組合の幹部たちのなかにも、そして共産党などの左翼のなかにさえ、「ニューリアリズム」とよばれる流れが台頭しつつあった。それは幅広い国民の理解を獲得して選挙戦に勝利しようとする、これまで以上に議会主義を重視する発想である。それは必然的に、現場労働者の直接的な産業内行動（industrial action）、つまりストライキやピケの重要性を相対化するスタンスになってゆく。炭鉱ストのさなか、この立場は、スカーギル指導のNUM批判として、あるいは急進的な一般組合員（rank and file）の思い切った行動を抑制する地方リーダーの「穏健な」指導としてあらわれた。

このように列挙した炭鉱ストライキの人びとにとって「不利な状況」は、クールにみつめれば、確かに炭鉱ストライキを基本的に擁護する立場からも、いくつかの点で納得できる要因ではあった。それゆえ、ニューレフト・社会主義労働党の系統に属する文献④の著者たちのように、勝利するはずであった炭鉱ストの敗北の原因をひとえに「穏健な幹部の裏切り」に求める議論には無理があるといえよう。突き放していえば、この大争議は労働運動の祖国において労働者が新自由主義の台頭に抗った先駆的な闘いであったとともに、ある意味で敗北が避けられなかった「昨日の闘い」（Yesterdays' Battle）であった。

にもかかわらず、序章に述べた執筆の動機に駆動されて、私はこれから、この反時代的な「昨日の闘い」に携わった人びとの苦闘の営みを、できるだけ具体的に綴ってゆく。

第2章

第Ⅰ期：八四年春　ストライキの拡大と強権の始動

■主要炭鉱分布　サウス・ヨークシャーの炭田

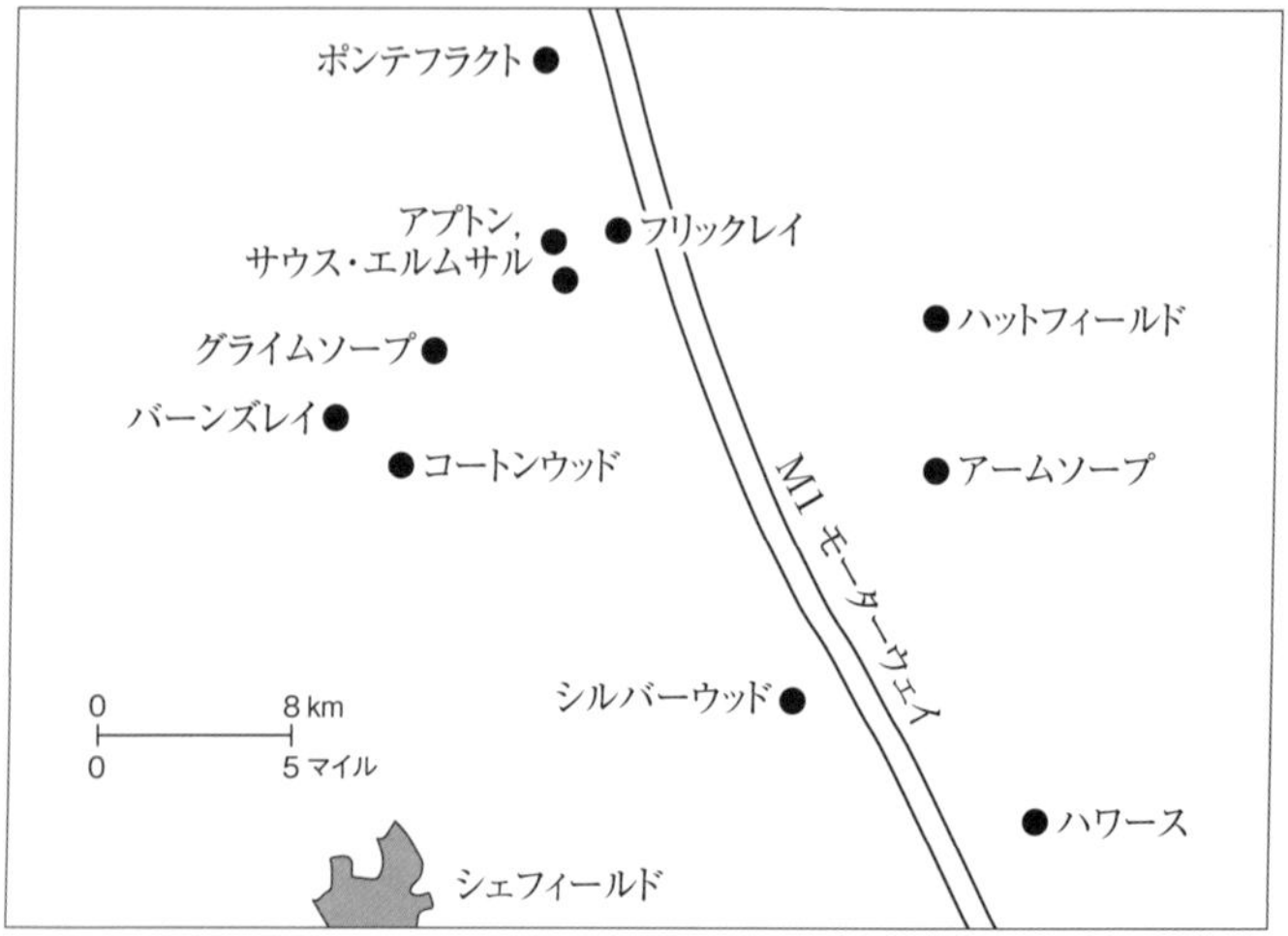

出典：文献②　The Enemy within 1986, xxii
※「炭田」はcoalfield.

1　遊撃ピケという戦略

ストライキと遊撃ピケの連鎖

一九八四年三月上旬、ストライキは全英の炭鉱に野火のように広がっていた。全英最多の六・四万人の炭鉱労働者が働く震源地・ヨークシャーはもとより、一〇日にはダーラム、ケントが、一二日にはスコットランドの全炭鉱がストライキに入った。この日には、早くもイギリス全体で炭坑夫の半分が作業を拒んでいた。

すでに述べたように、これは全国炭鉱労働組合（NUM）の指令にもとづく統一闘争ではない。もともとNUMは分権的な組織運営であって、各地のストライキ参加は、地域（エリア）別の組合組織、さらにはそのなかの個々の炭鉱の支部、さらにはその炭鉱内の坑ごとの分会の自主的決定に委ねられていた。NUM中執は三月八日には各地の自治的・自発的ストを公認したが、エリアごとの事態への対処にはどうしても行動決定の格差や遅速がある。たとえば、二・一五万人、イギリスで三番目に炭坑夫の多い南ウェールズのNUMは慎重であって、当初は、二対一の比率で仕事に留まることを決めてさえいた。しかしこのエリアも、三月一五日にはストライキに入り、それが炭鉱ストライキ全国化の指標になった。ちなみに映画『わが谷は緑なりき』（一九四一年）にみるロンダ渓谷の諸炭鉱のあるこの地域は、もともと伝統的につよい連帯の気風をもち、屈せざるスタンスを誇っていた。この義理堅いウェールズの炭坑夫たちには、ストライキの全期間を通じてほとんど脱落者がなかった。

けれども、ヨークシャーの南に位置し、イギリスで二番目の坑夫数三・一万人を擁するノッティンガム・エリアは、総じて終始、ストライキに反対または消極的であった。後にここから反NUMの組織行動が顕在化する。ここにはそれなりの背景がある。このエリアには生産性が高くて採算がとれ、閉鎖が見通される炭鉱が少なかった。かつての労働党政権が現場労働者の反対を押しきって導入した「生産性ボーナス」ゆえに、ここは相対的に高賃金だった。それに伝統的に地域第一主義の発想が濃厚であり、かねがね全国組合の介入を忌避していた。それらの諸要因がノッティンガムの坑夫たちを戦闘性から遠ざけていたのである（③124）。

もっと直接的には、ノッティンガム・エリアのNUMリーダーたちは、NUM中執が三月早々に、規約四三項の規定するスト前の全国投票を棚上げし、規約四一項にもとづいてエリアの自発的ストライキを次々に公認して実質上の全国ストライキにするという戦略を支持しなかった。ノッティンガムNUMリーダーは、このスカーギルの方策を引き回しとして拒み、地域民主主義を掲げてもちまえの地域第一主義を正当化したのである。戦後日本における産別会議に対する民主化同盟（民同）の批判を、それは想起させる。ノッティンガムでは三月一六日、炭坑夫三・一万人中、スト参加者は六〇〇〇人以下であり、エリアの地域協議会は一八六対七二で、NUMが全国投票をしないかぎり仕事を続け、ピケットラインを無視すると決議している（④63）。

八〇年の改正雇用法は、スト前の「全国投票」を義務づけるとともに、他産業、他職場への遊撃（フライング）ピケを違法と規定していた。だが、二重の意味で違法な遊撃ピケこそは、全国中執の統一指令なしにストライキを広げるに不可欠の闘い方である。三月一二日、先進的な拠点のひとつ、アームソープ（Armthorp）などから志願者が相次いだ遊撃ピケは、ヨークシャーのシルバーウッド（Silverwood）、ついでハワース（Haworth）にいたり、さらに南下して、ビーバーコート（Bevercoates）など、ノッティンガム地域の諸炭鉱の操業をも停止させた。この遊撃ピケの成功には、ピケラインを超える者への罵倒はあっても、なんのもみあいも暴力もなかった（④50）。地域組合のリーダーはともかく、ノッティンガムの一般炭坑夫たちの心は、全国的連帯への義理と地域主義の伝統の間でなお揺れていた。

最初の死者、ピケに対する警察の「実力行使」

だが、ストライキに総じて消極的なノッティンガムへの遊撃ピケは、むろん権力にとっては絶対に阻止すべき行動である。ヨークシャーからノッティンガムへの遊撃ピケを防ぐため、三〇〇〇人の警官隊が動員された。炭鉱現場ではピケ隊は、警察のはばかりない実力行使、いわゆるポリス・バイオレンスに遭遇しなければならなかった。こうして頻発するバトルのなか、ノッティンガム北部のオラートン（Ollerton）炭鉱で、三月一五日、二四歳の坑夫、西ヨークシャーのデヴィッド・ジョーンズが最初の死者となった。

その日、オラートン炭鉱では多くの労働者が説得に応じてピケラインを超えなかった。しかし、残念なことに、炭鉱近くの道路には就業しようとする坑夫たちを励ます妻たちが並んでピケ隊を罵倒しており、そこにはこのムラの、ナショナル・フロントのメンバーを含むスキンヘッドの若者たちも加わっていた。ジョンの死はさすがに直接的には警察によるものではないだろう。後のさまざまの機関の調べでも、結局「犯人」は特定できなかった。しかし、たしかにそのグループから投げられた煉瓦が道路の向かい側にいたジョンの首近くを致命的に直撃したのである（④55）

三月から五月にかけては、オラートンなどノッティンガムの一〇ほどの炭鉱には各一〇人から一二〇人の遊撃ピケ・メンバーが常駐し、ここは闘争初期のひとつの主戦場であった。警察はときに炭坑夫を上まわる大量動員をもって、就業者を守ってピケを超えさせ、ときにノッティンガムのスト派の自宅に潜むヨークシャーからの「外人部隊」を摘発した。警察はまた、コーチ

（チャーターバス）業者にピケ隊を運ぶ契約をしないように圧力をかけ、ノッティンガムに通じる道路での検問と封鎖も実行した。ケントから通じるダーフォード・トンネルのブロックは交通の自由を求める市民の批判を呼び起こしてもいる。ピケ隊の説得に応じてノッティンガムの就労坑夫の二五％は帰宅したと記録されるけれども、限られた数のピケ――法の規定する六人までと指導されることも多かった――が、就業のシフトをまたいで有効性を保つことは難しかった。そしてなによりも争いの現場では、訓練され、プラスティックのフルフェイス防護面、楯、警棒・棍棒で装備された警察に、坑夫のスクラムやアナーキーな投石は、ひっきょうかなうべくもなかった（④56－58）。

五月一四日、ノッティンガム炭田の中心地マンスフィールド（Mansfield）で、NUM各地の坑夫と支援の他組合メンバー、それに家族や市民の加わる集会とデモが行われた。四万人が道路を埋めつくす壮観であった。この結集に対して、警官隊は若い男たちからなる坑夫部隊の目の届かない周辺で、「信じられないほどの」弾圧を加えた。逮捕者はこの日、五七人に及ぶ。坑夫や女たちの手記や日記、インタビューを編む文献②『内なる敵（Enemy Within）』のなかで、ボビー・ギヴァンは次のように書いている――警官は、バスから参加者を引きずり出し、警棒でなぐりつけたばかりか、六人ほどが一〇代末の若者を襲い、その一人は、長い棍棒で彼の顔面を打って血まみれにした。救急隊員も怒ってその警官に毒づくほどだった。救急スタッフは若者を運び出す前に二〇分も酸素タンクをあてがわねばならなかった。

こんな光景は見たことがなかった。私はこれまで怒りのあまりレンガを手にとろうと考えたことは決してなかったが、この日、私はそうしたのだ。私は警官の振る舞いにまったく愛想がつきた……（②118–119）

はじめてレンガが投げられたのは、日時は不明ながらもっと早く、ヨークシャー・メイン炭鉱で、経営スタッフが保安要員を坑内から救い出そうとしたときだったという（③51）。坑夫側の暴力をひとえに警察の暴力に対する受け身の対応だったとまで考えることはできないだろう。しかし、もともと産業内行動の意義を確信していたイギリスの組織労働者の多くにとって、ボビー・ギヴァンのような体験を経た心の変化は例外的でなかったように思われる。

全国炭鉱労働組合（NUM）の全国投票回避

NUM中央は、さまざまの議論を経て結局、ふたつの公式会議（四月一二日、一九日）においても全国投票を棚上げとした。ではそれはなぜか。

ある職場における労働者集会での討論と決議のすえ選ばれる分権的行動が別の職場での選択を

連鎖的に促すという関係が、ＮＵＭにとって本当の民主主義であった。マスコミなどの教えるこの世の通念にさらされている孤立した労働者による白紙のままの多数決が、即自的に労働者の切実なニーズを汲む行動の支持になることはむしろ稀なのだ。それは議会至上主義を批判的にみる発想と地続きである――ＮＵＭの決定を私はそう理解する。

ＮＵＭの全国投票回避については、確かに委員長アーサー・スカーギルに最大の責任があるかもしれない。サッチャーは、彼を一般労働者を強引に引き回す「左派のファシスト」とよんでいる（⑥466）。的外れの非難ではあろうが、ここでかんたんにスカーギルの経歴を尋ねておこう。

スカーギルは、一九三八年に炭坑夫の子として炭田の中心都市バーンズレイ近郊の村に生まれた。小さな炭鉱で働きながら「青年共産主義者同盟」に属したこともある、確かに社会主義者ではあった。やがて彼は組合活動に専念して、その情熱と雄弁をもってヨークシャーＮＵＭの中心的な担い手となり、一九七二年の成功的な遊撃ピケ（後述）の指導が高い評価を得て一九八二年、四五歳にしてＮＵＭの委員長に就任している（⑤71）。代表的な左派ユニオンリーダーのスカーギルの指導は、しかし、中央統制型にほど遠く、徹底して支部や分会に属する平組合員の自発的なストライキ、マス・ピケに依拠しようとするものだった。ＮＵＭの分権的性格を尊重し、闘争を回避しようとする穏健派の支部役員の排除を試みたことはない。非妥協的なマス・ピケの続行には展望がないという後に台頭する批判に一定の根拠はあれ、組合員を縛る過度の統制をもってスカーギルを批判することはできない。全国投票の回避はそうした指導の一環であった。とはいえ、それにしても、多数決を至上のものとしない全国投票の回避が、後に述べるように、ノッティンガムのみならず、NUMに対する広義の潜在的な味方の支援・支持にとってひとつの障害になり続けたことは、おそらく疑いを容れない。五月三日、裁判所がNUMのストの公認には全国投票が必要だとあらためて裁定を下したとき、ノッティンガムの炭坑夫二〇〇〇人は一斉にストライキを中止した。この月の二五日にはまた、ノッティンガムの反NUM派は早くも就労坑夫委員会（NWMC）を発足させている（③125）。

ともあれ、ノッティンガムへの遊撃ピケの闘いは八月をもってほぼ収束を迎える。

2　準備されていた権力の構造と論理

リドレイ・プラン

ここでしばらく争議の前線を離れ、権力の側が周到に準備した対抗策の具体的な内容を、いくらか時期をさかのぼっても、まとめて検討しておきたい。

一九七七年、保守党の最右翼の議員ニコラス・リドレイは、すでに党首だったサッチャーに背中を押されてだろうか、ひとつの体系的な経済・労働政策プランをまとめ上げていた。この「プラン」は、イギリス経済の大きな財政負担と意識されていた国有産業について、いわゆる「親方日の丸」を許さず、達成すべき収益率の設定、公的規制の強化、高賃金の抑制などを主張する提案であった。しかし、リドレイ・プランが社会的に注目され、また、私が文脈上さしあたり関心を寄せるのは、産業の民営化を主張し新自由主義的な公共経済政策を表明する「本文」以上に、七八年五月二七日に『エコノミスト』誌にリークされた「秘密付属文書」（Confidential Annex）である。

その付属文書は、この公共経済政策にかならず挑戦するであろう労働組合運動を迎え撃つ戦略を、予想される組合の抵抗力に応じて業種別に区別して明示している。その際、保守党（トーリー）政権にとってもっとも警戒すべきはむろん石炭産業にほかならなかった。そこで秘密付属文書は、来たるべきNUMのストライキに対して、驚くほど周到で強硬な戦略を策定している。例えば、発電所での最大限の石炭備蓄、石炭・石油両用の燃料設備の導入、短期間での石炭輸入の可能化である。さらにこう続く――

(1)　あらかじめ非組合員の「良き」トラック（ローリー）ドライバーを輸送業者に募集させる。警察の保護のもと彼らにピケラインを超えさせる

(2) ストライキを抑制するに有効な措置として、ストライキ家族への社会保障給付をカットし、必要な生計費を組合財政に負担させる

(3) 非合法の暴力的なピケを排除するため、十分な装備を備え訓練された大規模な移動警察隊を設置する（文献③17−18、④36、⑤9−11）

八四〜八五年の炭鉱ストライキの経過を多少とも知る者にとって、こうした酷薄な戦略がいかに坑夫たちに対して効果的な猛威をふるったかは明かであろう。みごとな構えである。(1)は、運輸一般労働組合（TGWU）などの組織化が及ばず未組織になりがちなトラック運転手のスト破りとしての動員である。一九七五年日本の「スト権スト」で、国鉄のストライキがトラック労働者の疾走によって効果を失ったことを想起されたい。(2)は兵糧攻めである。それはもともと社会保障への依存と裏腹に個人貯蓄の乏しかったイギリスの労働者世帯にとって大きな打撃だった。そして(3)は、イギリスでは画期的な警察力の動員（後述）によるマス・ピケの文字通りの弾圧であった。移動（遊撃）ピケには移動警察隊を、というわけである。

そこには強力な労働組合運動、なかんずくNUMへの積み重ねられた怨念がこもっている。NUMの賃金闘争は、七二年冬、バーミンガム近郊の西ミッドランドガス会社のコークス置場ソルトレイ・ゲイト（Saltley Gate）での遊撃ピケを完全に成功させた。最初のピケの五日間、三〇〇

〇人のピケもトラックの運行を止められなかった。だが、スカーギルの熱いよびかけに応えて二月九日には、この地域ではとりわけ強力な機械産業労働組合（ＡＵＥＷ）とＴＧＷＵの一〇万人が連帯ストを敢行し、一〇日には、彼らを加えて二万人がピケを張ったのだ。一〇〇〇人の警官隊はなすすべもなかった（③13、④28）。ヒース政権は譲歩を余儀なくされ、やむなくそれ以降、法的所得政策に転じる。だが、その所得政策の賃上げ基準も七四年にはまたＮＵＭにやすやすと突破され、ついには政権を失ったのである。ソルトレイ・ゲイトは、ＮＵＭにとって、ある意味では時代が変わっても頼りすぎた「勝利のレジェンド」であったが、保守党政権にとっては、決してくりかえされてはならない悪夢だったのである。

とはいえ、長年、労働組合との妥協または協調で事態をやりすごすことに慣れていた保守党の主流はなお、リドレイ流のタカ派の戦略に踏み切ることができなかったかにみえる。その実行は、七九年初夏の総選挙後、マーガレット・サッチャーが、リドレイも閣僚に加えてダウニング街10（首相官邸）に住むまで待たねばならなかった。

マーガレット・サッチャーの思想と決意

一九七九年五月、保守党政権の首相に就任したサッチャーは、戦後イギリス経済の衰退の原因は、強すぎる労働組合の力にほかならないと認識していた。この「鉄の女」は、左翼の労働組合がはばかりなく前進するのを前にして、やれやれと嘆きながらも優雅に後退するのが保守党のならいだと考えているような「偽名士」に対する公然たる嫌悪を隠さなかった。「誰がブリテンを支配しているのか」？　彼女の政策の集約点は、組合が 産業内行動によって「政府の決定を議会外から侮辱（flout）すること」を断固として排除することであった（③15、⑥136）。

その出生を問うならば、サッチャーの父はリンカンシャーの食糧品店の経営で成功を収め市長にもなった「名士」ではあったが、上流階級ではなかった。より注目すべきは、父が勤勉と努力、個人の責任を教義とするメソジストの熱心な信者だったことであろう。娘のマーガレットは、その父の薫陶を忘れず、終生その個人主義の哲学を信奉したようである。そんな彼女は、ある種の集団主義に生き、競争を忌避し、〈平等を通じての保障〉を旨とするユニオニズムは、もともと嫌いだったのだ。彼女は争議中は、一貫して就業したいという気持を示す、つまりスト破りをしようとする坑夫を、イギリスを支える「本当の労働者」として支援し続けた。その妻たちを官邸に招いて励ましたこともあった。

就業の自由を否定し、「暴力的な」ピケをもって個人の操業を阻むような労働組合は、彼女にとって反社会的勢力でさえあった。八四年七月二〇日、サッチャーはみずからの陣営の会合で、NUMを念頭において後に広く人口に膾炙した次のようなスピーチをしている。

フォークランドでは私たちは外部の敵と戦わねばなりませんでした。しかしここでは、闘うことがより難しく、自由にとってもっと危険な内部の敵が存在します（Tony Parker, Red Hill; A Mining Community 1986 Preface）

自分こそがこの「内部の敵」に非妥協的に立ち向かわねばならないと、サッチャーは決意していた。八三年九月、七三歳のイアン・マクレガーを全国石炭公社（ＮＣＢ）のチェアマンに任命したのもその志向のあらわれであった。マクレガーは、グラスゴー大学を卒業後アメリカに渡り、炭鉱の所有権を得て、そこでの炭鉱組合との従来の契約を、解雇の恫喝をもって破棄している。そして七七年、イギリスに戻って自動車会社ブリティッシュ・レイランド（ＢＬ）、次いで鉄鋼公社（ＢＳＣ）の経営にあたって、ここでも容赦ない人員整理によって組合規制を大きく後退させている（⑤19‒22）。マクレガーは、渋々にではあれ諦めて労使慣行を容認する従来のイギリス型の経営者ではなく、忌憚なく経営権を行使するアメリカ型のマネージャーであった。だからこそ、サッチャーはマクレガーに期待をかけたのだ。

一九八四年三月、政府とＮＣＢが炭鉱労働組合・ＮＵＭと対決できる産業の条件も成熟していた。石炭備蓄は十分にあり、電力公社での原発の比重は高まり、北海油田の開発が徐々に進んでいた。近年、炭鉱では用意された剰員手当を受けとって離職する労働者も増えて在籍人員も減少していた。そのうえ意外に無視できない技術的な要因もある。新しい採炭技術の導入によって、技術スタッフが切羽作業を地表の制御室で監視・統制できるようになりつつあった。それが坑内での坑夫の自治的な作業規制やショップ・スチュワード活動の余地を狭めていた（④40）。それに新技術は現存する炭鉱の不採算性を、経営にいっそう強く意識させていたのである。

労働諸法の改正

その思想と決意にもとづいて、サッチャーが就任以来、着手したいくつかの方策について次に概観しておこう。

まず、これまでの組合活動を制約する労働法の整備である。一九八〇年雇用法、八二年雇用法、争議開始後の八四年九月の労働組合法と相次ぐ、それ以前の規定の曖昧さや不十分さを補充・是正するかたちでなされた法規制の多様な内容は、まとめればおよそ次のようになる。

(1) ストライキの実施、役員選挙、組合規約改正などでは、公的資金を用いた組合員全員の秘密投票を義務づける

(2) ピケは自分自身の働く職場またはその近くにおいて六人以下で行われる場合のみ合法とする。第二次ピケ、雇用関係のない職場への移動ピケは原則禁止する

(3)　いわゆる同情スト、政治ストも事実上禁止する
(4)　採用される労働者に組合加盟を強制するようなクローズド・ショップ制を禁止する
(5)　組合の登録を義務づける

右の(1)~(3)が守られなければ争議は違法であり、争議権保障の原則であった民事上の免責は剥奪されることになる。そして後の経過にみるように、違法の判示を組合が無視すれば法廷侮辱罪で罰金が課せられ、それが支払われなければ組合資産が差し押さえられる（⑭99-127、⑤12-18）。それは伝統的にボランタリー主義だった組合活動への強烈なパンチだった。あらためていえば、NUMの全国投票の棚上げや遊撃ピケは、この改正諸法のもとでははじめから違法であり、いずれは法的訴追を受ける運命だったのである。

ちなみにここでのテーマではないがもうひとつ、企業経営の自由を擁護してやまないサッチャーが試みたユニオニズム全体への加圧がある。それは、七五年雇用保護法に規定されていた条項、ある特定の企業の雇用について協約された労働条件はその産業全体に適用されなければならないという、ユニオニズムにとっては枢要の「協約の拡張適用制」の見直しである（⑥133）。

警察権力の整備

この大争議の際立った様相のひとつは、従来のイギリス労働史に例をみないほど強力な警察力の警備と、そのはばかりない実力行使であった。

それらの指導部として八四年三月一四日、「全国情報センター」（ＮＲＣ）が再編・強化された。この機関は、全国で四三に区分された警察の管轄地区を超えて警察官を必要な地点に素早く移動させる「相互援助」、情報交換、政府との連携などに携わる。ロンドンの警視庁スコットランド・ヤード内に本部がおかれた。その活動はむろん内閣と密接に連携し、その全面的な支援を受けていた。争議を通じて、警察官の動員は日平均三〇〇〇名、次に述べる「激戦」のオーグリーヴでは日に最大八〇〇〇人を数えたという。

争議の弾圧にあたる警察官のうち、バトルの予想される地での治安活動にあたるグループ（riot police）は「警察維持隊」（ＰＳＵ）とよばれる。日本でいう機動隊にあたるだろうか。ＰＳＵは全国四三箇所におかれ、暴動鎮圧の訓練を施され、騎馬、警察犬を加えて十分の装具を備えた一・一万人が用意されていた。日本の大規模な社会運動でもよくみられることだが、ロンドンなど遠方から炭鉱地帯に派遣されるＰＳＵは、地元警察なら控えるような過酷な鎮圧も辞さなかったという（⑰19-24、④38）。

「騒乱」や公務執行妨害は、労働争議に関する刑事上の免責が適用されない集団的バイオレンスとみなされる。それらを事由とする逮捕はつねに行われたが、取締りの対象は局面によっていくらか異なる。初期には、遊撃ピケの防止や道路封鎖・移動禁止が多かったけれども、中期以降は、後に書くようにストライキからの離脱を望むスト破りの就労をめぐる、あるいは坑夫の住む町や村、コミュニティでのパトロール、警戒、監視をめぐる、炭坑夫の抵抗に対する弾圧と逮捕が中心になる。多くの記録によれば警察の行動についてのマスコミの報道映像はきわめて控えめであった（③266）。

しかしここで、松村高夫にしたがって、「シェフィールド警備監視団」（SP）の感銘深い役割についてはふれておきたい。一九八四年四月六日、この地の労働組合会議（TUC）の申し立てに応じて、三分の二は女性が占める六〇名のボランティアによって、この団体は結成されている。SPはいくつかの近隣の争議現場に赴き、身分を明らかにして警察の許可を得た上で、テープレコーダー、写真、メモ・ノートを使って警備の実態を詳細に記録し、それを毎週、政治家、地方議員、マスコミ、NUM、弁護士などに伝えた。逮捕者の裁判では証人として法廷に立つこともあった。SPは、たとえば道路封鎖を市民的自由を擁護する眼をもって批判し、また、ピケの警備について、暴力が生まれるのは「多くの場合、我々のいう『過剰警備』がなされた場合である」と報告している（⑰32）。

さて、「強権」の要素としては、このほかにもちろん、⑴司法の役割と、⑵経営側NCBのストライキ対策を無視することはできない。しかし、このふたつについて、第Ⅰ期にはなお後景に退いているかにみえるゆえ、くわしく具体的には、第Ⅱ期の経緯に関する記述に譲り、ここではかんたんにコメントするに留めたい。

⑴について。炭鉱ストライキの行動のいくつかは、「強権」の眼にははじめから違法であって、五月段階から地方の判事たちは、ピケ人数の制限（南ウェールズ）、攻撃的ピケの禁止（ヨークシャー）、未公認のピケへの組合基金活用の禁止（ダービシャー）などの命令を下している⑶119)。しかし、多くの地方裁判所の対応はなお慎重であった。

サッチャーは早くから警察の行動を全面的に擁護するとともに、司法の介入による民事上の訴追も加えるべきだと主張していた。しかし閣僚の多数意見は、予想される他組合の反発や、紛争を抑える慣例に慣れた多くの地方判事たちのためらいを付度して、まず「暴力的な」遊撃ピケへの警察による刑事的な弾圧を重視するものだった。内閣はさしあたりそれに従う。司法が猛威をふるうのはほぼ七月以降である。

⑵ＮＣＢの意思が示されるＮＵＭとの団体交渉——会談（talk）とよばれることが多い——は、実に五月二三日まで開かれていない。その段階では、ＮＣＢは「非経済的炭鉱」の閉鎖への組合の協力を求めて拒まれ、直ちに会談は頓挫している。すべては争議の流れを大きく変えた五

月から六月に及ぶオーグリーヴ（Orgreave）の攻防の後のことだった。それ以降、労使交渉は、ある意味では空しく、くりかえされることになる。そこでの争点はやはり第Ⅱ期を扱う章で紹介するだろう。

ふたたび争議の前線に戻る。第Ⅰ期の終わりを画するオーグリーヴでの攻防をみつめよう。

3　画期としてのオーグリーヴ

製鉄所への遊撃ピケをめぐって

南ヨークシャー州のオーグリーヴは、この炭鉱ストライキの経過のうちＮＵＭと炭坑夫たちが敗北に追い込まれてゆく最初の画期として記憶されている。オーグリーヴでは、この地の鉄鋼公社（ＢＳＣ）所有のコークス作業場からスカンソープ製鉄所へのコークス輸送を防ごうとする遊撃ピケの大規模な試みが、訓練と装備にすぐれた治安警察（riot police）の組織的かつ暴力的な実力行使によって排除された。端的にいって、それは警察権力による「違法なピケ」の物理的な鎮圧であった。

もっとも、炭坑夫のこの闘いを取りまく環境条件は当初から厳しかった。このストライキの直接の目的は雇用を奪う炭鉱の閉山計画の撤回である。その際、たとえばノッティンガムのいくつかの炭鉱への遊撃ピケは、違法ではあっても、そこでの操業阻止はスト破り防止の意味をもち、ふつうのユニオニストにもスムーズに了解される戦略であった。しかし、製鉄所の生産を止めるために石炭・コークスの供給ストップをはかるＮＵＭの戦略は、当初の目的にとってやはり間接的であって、いわば力業の無理にみえ、広く労働組合の界隈から容易に納得と協力を得ることが難しかったように思われる。

さかのぼって三月二九日、鉄鋼、鉄道、運輸、海員など五組合は、ＮＵＭに連帯して全英の石炭・コークスの輸送を拒否することで合意はしたものの、そのＮＵＭへの連帯のなかみは危うかった。マクレガーのかねてからの梃子入れによって穏健化していた鉄鋼労働組合連合（ＩＳＴＣ）は合意の翌日、早々に決定を撤回している。五月にも、八〇年以来大幅に人員削減されていたスカンソープ製鉄所の労働者は生き残りに腐心しており、ＮＵＭの遊撃ピケに協力するどころではなかった。機械工やドック労働者が全面的に協力した七二年のソルトレイ・ゲイトは再現できなかった。頼みのＴＧＷＵも、傘下のトラック・ドライバーのコークス輸送を完全に止める見通しがなく、組合指令はたんなる勧告のごとき「ブラックオーダー」しか出せない始末だった。

それになによりも、製鉄所のある地域のＮＵＭリーダーたちは、製鉄所の操業を止めることを忌避していた。鉄鋼生産のストップが自動車、機械、電機、建設などの重要産業を苦境に陥れて地域経済に打撃を与え、失業者を増やすことを無視できなかったからだ。それゆえ、五月に入ると相次いで、スコットランドのNUM指導者が、当地のレーヴェンスクレイグ製鉄所への、南ウェールズのNUM幹部は、当地のポート・タルボット製鉄所への、操業にそれほど打撃を与えないほどの石炭供給は保証することを、それぞれBSCに約束したのである。ヨークシャーでさえ、なにかと慎重なリーダー、ジャック・テイラーがスカンソープ製鉄所への週一・五万トンの石炭供給を保証している（③83-86、④85-87）。

けれども、いったん戦闘性を解き放たれていた平場（rank and file）の炭坑夫たちと他組合の活動家は、NUM委員長スカーギルの一貫したよびかけもあって、地域リーダーたちの抑制にもかかわらず、すでに各地で果敢な抵抗のピケを展開していた。レーヴェンスクレイグではNUM平組合員と鉄道員が、石炭供給の阻止と、BSCがTGWUの妨害を排除するために導入したトラック輸送のブロックを試み、警官隊と激突した（五月七日）。クライド湾のハンターストンでは、一〇〇〇人のピケラインが、バトルの末、六五人の逮捕者を出して敗北する（五月一一日）。それに警察に守られたポーランドからの輸入石炭搬入の阻止をめぐるフリック・バラ港での闘い（五月二八日）もあった。

それらの「前哨戦」において、ポート・タルボット製鉄所などではときにローリー運転手がピケの説得に応じて引き返すこともあったとはいえ、総じてTGWUやNUMは結局トラックの運行を阻止することができなかった。警察は組織的な実力行使で巧みにローリー阻止のゲリラ戦に勝利を収めたといえよう。一方、南ウェールズでは、ポート・タルボット港の九〇メートルのクレーンに多数の労働者がよじ登って、アメリカから輸入された石炭の積み降ろしを阻止するゲリラ戦はあった（⑨220）ものの、マス・ピケが組織されることはなかった。それゆえ、ヨークシャーをのぞけば、各地の製鉄所の高炉は、こうしてまずは停止をまぬかれたのである。

そのヨークシャーでも、五月二八日には、ローリー隊によるオーグリーヴからスカンソープ製鉄所へのコークス輸送が本格的にはじまる（以上、③84-87、④88-91）。しかし、イギリス労働運動史でも稀有とされる激突の日々は、それからであった。

オーグリーヴ・五月の攻防

この炭鉱ストライキの経過を辿る文献③と④は、執筆のスタンスの違いはあれ、いずれも多くのページを費やして、五月二九日、三〇日、そして六月一八日の出来事を時間きざみでくわしく記述している。その主な内容は、遊撃ピケの炭坑夫および支援者と、動員された治安警察との凄絶で悲劇的なバトル、要するに警察の容赦なき実力行使とピケ隊の坑夫の必死の反抗であった。坑夫側には多数の逮捕者、負傷者があった。そのすべての事象に関心を惹かれるけれど、ここでは主に参加者の観たこと・記憶していることの紹介と引用を中心に、印象的なエピソードのみ記すに留めよう。

五月二九日。最初のマス・ピケの日は、約五〇〇〇～七〇〇〇人のピケ隊に八〇〇〇人の警察官――そのすべてが移動警察・治安警察とはいえないが、厳密な区別はつけがたい――が対決した。ある参加者はこう回想する。

トラックが入門した後の午後、顔面を透明のシールドで覆った治安警察（riot squad）は、プラスティックの楯を掲げてピケ隊におそいかかり、警棒で坑夫たちを殴りつけた。ＴＶカメラマンが立ち去ってからのことだった。最初に三人の騎馬警官がきて、馬上から長めの棍棒で殴打し、続いて「歩兵」が警棒をふるう。シルバーウッド坑から支援にきた女性グループも騎馬警官の攻撃をまぬかれなかった。警察犬もけしかけられて、逃げ惑う坑夫たちを追いつめた（④103）。その日の数多くの写真が、あたかも中世の騎士や兵士のごとき治安警察の楯、警棒、馬、犬に、追い立てられる無防備な、ときに上半身裸の坑夫たちの痛々しい映像を残して、上の記述の正確さを保証している（①26-31、④109、112-113）。警察資料によればこの日は、逮捕者八二名、負傷者六九名（うち警察官は四一名）であった（⑰24）。

翌日も闘いは続いた。五月三〇日、穏健なヨークシャーの組合幹部ジャック・テイラーは、坑夫たちにノッティンガムへのピケを指令したが、一五〇〇人は吸いよせられるようにオーグリーヴに赴いた。スカーギルの姿もあった。およそ数千人の炭坑夫らと治安警察との前日と同様のバトルが、とくにランチ後に展開される……。ちなみにこれらの日々の経過を読む私に意外で印象的だったのは、炭坑夫たちの危険のつきまとう闘い方にみる、あまり悲壮感のない、行動の自由なゲリラ性であった。彼らは闘争現場にいつもへばりつくことなく、ランチタイムには退いて憩い、午後にまたおもむろに参集する。その間に軍隊的に統制された警察は、それからの事態に有利な態勢を整えておくという次第である。明らかに「戦況」の推移には不利なのに、このようなある意味ではゆとりのビヘイビアを示すのは、どんな心性・心情に由来するのだろうか？ともあれ、警察側の装備と実力行使に抗するピケ側の「武器」は、投げつけるレンガ、瓶、ボトル、馬の攻撃を防ぐワイヤーやケーブルであった（③101）。ある参加者の記録が、労働者側のやむなき「暴力」の由来を示している。

大柄な若者が現れて私たちにレンガ投げはやめよと言った。彼は警官隊の前に素手で立ちはだかっていた。（中略）突然、楯の壁が開かれ、彼はなかに引きずり込まれた。私たちは倒された彼が蹴られ警棒で殴られるのをみた（④107）

引用者は、「オーグリーヴのこの日、坑夫たちは警官の暴力によって、イギリス労働運動に深く根付いていた平和主義（pacifism）を放棄することを強いられたのだ」と記した。この日、逮捕者は三五名で負傷者は不明。サッチャーは「法のルールは暴徒のルールに勝る」と語ったものである（④101）。

オーグリーヴ・六月の攻防

五月下旬から六月上旬にかけて試みられたNUMとNCBの会談は当然ながら頓挫している。しばらく中断したあとの六月一四日、NUM中執はあらためて、製鉄所への石炭供給はせずと決議した。そして六月一八日、NUMはふたたび総力を挙げて、オーグリーヴでの第二のマス・ピケを組織する。ジャック・テイラーもこの日はヨークシャーの全炭鉱支部に参加をよびかけている。そこからの五〇〇〇人に、長距離バスやクルマで駆けつけた他地域、他労組からの支援者を加えて、ピケの参加者は実に一万人に及んだ。これを迎え撃つ治安部隊を中心とする警察官は五〇〇〇人（一説では七〇〇〇）であった。

早朝、約二〇〇〇人の坑夫がはじめて製鉄所に突入してそこを占拠した。これは警察の力で押し出され、この日、午前中は比較的平穏な対峙であった。しかしランチ後、現場の状況は一変して、警官の壁はいっそう強固に整えられていた。治安警察は、騎馬、警察犬、徒歩警官の順序でじりじりと労働者たちに迫り、やがてはばかりなく実力行使が行われた。

頭を怪我して血を流した男たちが、傲然と投石を続けていた。騎馬警官の一人がレンガにあたり気絶して落馬する。楕円形の樹脂製の楯をもつ警官は、かつてのローマの剣闘士のように……炭坑夫と一対一で闘っていた。ヘルメットをつけた救急隊が、軍隊から借受けたランドローバーに負傷者を運び込んでいた。バリケードの燃える煙がたちこめ丘の上まで立ち昇っていた。戦争と違うのはサーベルと弾丸がないことだけだった（③89）

これは、ストライキの偏らない実像を伝えることを旨とする文献③の描写である。より労働者側のスタンスをとる文献④は、しかし、治安警察は、なかまに助けられて入院した負傷のピケ参加者を、なかまの立ち入りを許さず病院で逮捕したと告発している（④114）。この日、逮捕者は九三名、負傷者はスカーギルもふくめ八〇名（うち警官二八名）であった（⑰26）。結局この日、夕刻には、警察の訓練され組織された実力がゲリラ戦のピケ隊を圧伏したのである。

その後、製鉄所への遊撃ピケが組織されることはなかった。六月一八日は転機であり、ひいては、長い目でみれば、「炭坑夫の勝利の機会が最終的に失われた日」であった。文献③の著者たちは、スカーギルの戦略は少なくとも鉄鋼業に関しては無効であり、オーグリーヴでのすべての犠牲は空しかったとクールに記している（③106）。

第3章　炭坑夫とはどのような人びとなのか

■主要炭鉱分布　サウス・ウェールズの炭田

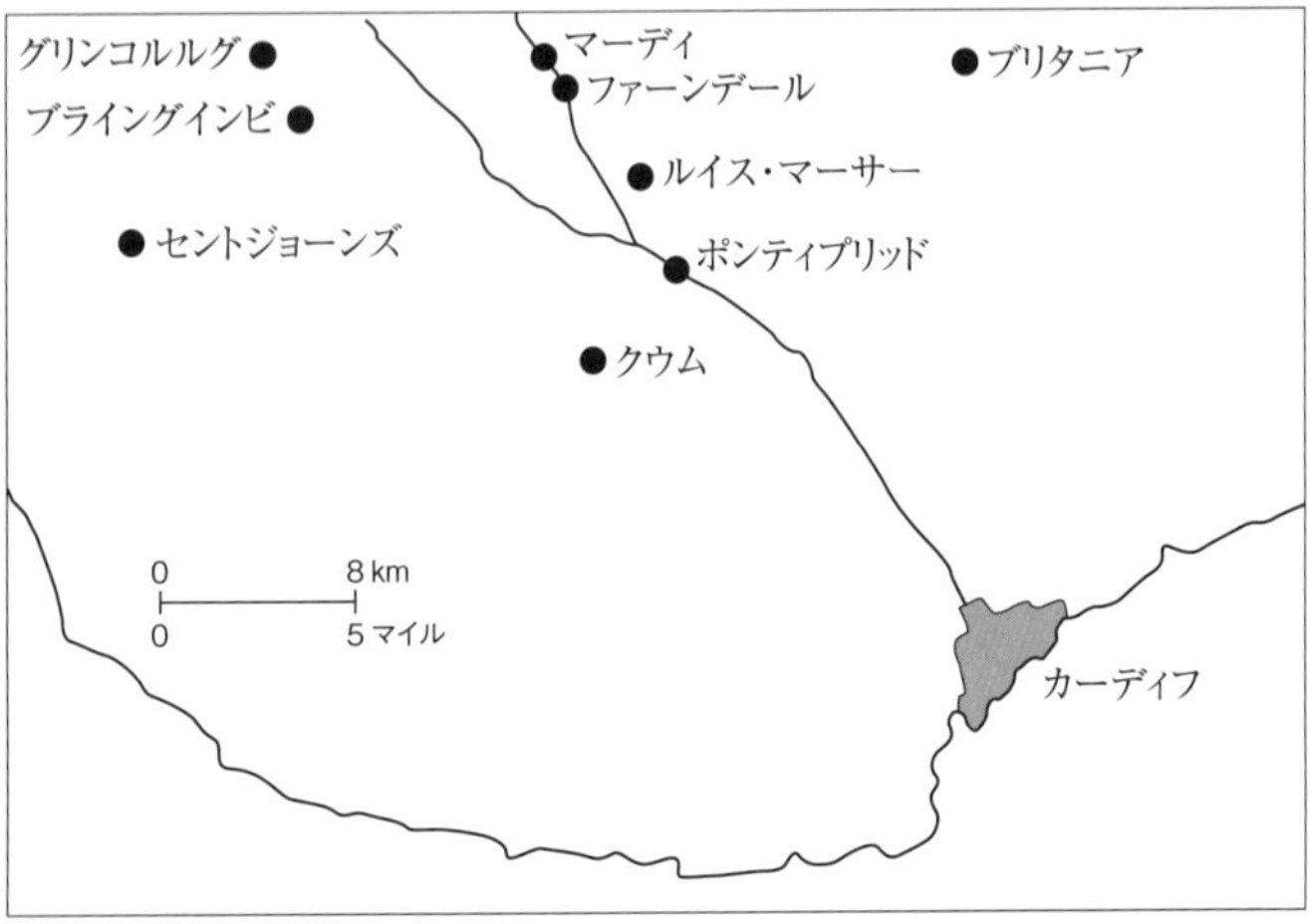

出典：文献②　The Enemy within 1986, xxii
※「炭田」はcoalfield.

護るべきもの

違法とされるピケに伴う「犠牲」をおそらく予想しながらオーグリーヴに赴き、その「敗戦」後も八ヵ月にわたり、幾多の困難に耐えて「強権の合力」に屈しなかったイギリス八〇年代の炭坑夫たち。それはどのような人びとなのか、その人間像をもっと知りたい。ストライキの群像の個人体験の記録を編む文献②『内部の敵』の序章（執筆者はラファエル・サミュエル）に主に依拠して、そのあたりをしばらく探ってみる。

当時の炭坑夫たちは、圧倒的多数が高等教育を受けていない（むしろその必要性を感じない）階層の人びとではあったが、決してNUM委員長スカーギルの雄弁なアジテーションに付和雷同するアモルフな大衆ではなかった。また、伝統的に労働党の支持者ではあったけれど、多くははじめから「過激な」行動を辞さない戦闘的な社会主義者でもなかった。

炭坑夫たちは、心に深くもつ〈護るべきもの〉が奪われようとしたとき、それをいかにしても死守しようとした人びとであった。では、その〈護るべきもの〉とはなにか。そこには、わかちがたく相互補強的なおよそ三つの要素があるように思われる。

その一は、いうまでもなく雇用である。それは単に収入手段としての雇用一般ではなく、炭鉱労働であった。その頃にはすでに、水圧で高低を調整できる支柱、つるはしではなくロータリーカッター、トロッコではなく運搬コンベアなど、かつての重労働の負担を確かに軽減する技術革新（③7）は進行していたけれど、石炭採掘はなお基本的に重筋的な肉体労働であった。採炭現場である切羽はなお薄暗く粉塵の舞う労働環境である。また、炭鉱は戦後初期の国営化とともに保安設備が大いに改善され、重大な労働災害は著しく減少してはいたが、それでもそこは落盤や爆発も皆無ではない、やはり危険な職場であった。

けれども、ふつうは忌避されがちなこうした炭鉱労働に、坑夫たちは親子代々にわたって従容として従事し、イギリス産業に不可欠なエネルギーや諸産業の原料の供給を引き受けてきたのだ。そこに彼らのアイデンティティとプライドがあった。採算性・市場性という非情の資本の論理による炭鉱閉山は、一般社会の常識では時代の要請とみなされたかもしれないとはいえ、炭鉱労働者たちには、それは自分たちの人生そのものの否定だったのである。

その二。炭坑夫たちは、文字通り世代を超えて、炭鉱近くの町や村で隣り合うなじみの生活を営んできた。後にいくつかのエピソードを語るけれど、坑夫とその家族は総じて、そのコミュニティでの濃密な人間関係に愛着を感じ、そこに定着しようと考えていた。

もちろん、町や村のコミュニティとしての性格の濃淡は時代を通じて不変だったわけではない。六〇〜八〇年代には「階級社会」イギリスにもそれなりの「豊かな社会」が到来し、ブルーカラーのなかでは相対的に高賃金の炭鉱労働者の住む町や村でも、個人主義的で中流階層的な消費生活のスタイルがある程度は浸透していた。六〇年代の剰員手当法のおかげで恵まれた退職手当が転地や若い世代の転職を促しもしていた。すでに述べた労働運動におけるニューリアリズムへの「空気」の変化も漂ってきて、一般組合員の戦闘性も衰える傾向にあった。八四年にも、闘争の初期にはいくつかの穏健な地区がストライキに消極的だった。多くの観察者のみるところ、コミュニティの気風は風化しつつあったという。

だが、危機は伝統を顧みさせるというべきか。八四年〜八五年のストライキを回顧し記録する者の多く、とくに母親、妻、女性たちの多くが実感したのは、コミュニティの復権であった。その復権の歓びゆえに、幾多の困難にもかかわらずストの期間は「私の人生最良のとき」だったという語りさえみられる。コミュニティとしての町や村の生活、私のいう「ムラ・コミュニティ」は、今や死守されるべきものだった。そしてやがて、町や村の濃密な人間関係と相互扶助が、南ウェールズのマーディ（Maerdy）炭鉱では最後まで一人の脱落者も出さなかったことに象徴されるように、ストライキの持続性を支えるのである。

その三は、労働組合である。それは坑夫の遭遇するトラブルの防御、必要なときの福祉、変化の局面での保障の組織である（②5）。しかし労働者の心に深く内面化された組合の意義は、生活防衛上の便宜的な手段に留まらない。労働組合は、坑夫とその家族にとって、未来の受託者（trustee）であるとともに過去の管理者（custodian）であった。組合は現世代が勝手に処分できない祖父、父、子、孫へ相続されるべき世代的な財産であり、償われるべき過去の職場での犠牲者への負債でもある（②23）。例えばアームソープの女性活動家、アグネス・カーリーは、病身ながらスト入りした夫、ピケで警察の暴行を受けた母とともに、肉類やまともな衣服やタバコの買えないほどの貧窮に耐えながら、女性行動グループ（WAG）の活動を核として闘い続けたが、彼女を突き動かしていたものは、坑内作業ゆえの珪肺症で一四年間も酸素ボンベをつけたままの父の姿であった（八四年一二月談、②185）。

以上を要するに、炭坑夫たちのマンタリテ（心情、フランス社会学の重視する概念）は、彼らにとってかけがえのないものを死守し、「時代の流れ」としてそれらを棄てよと迫る強権に、たとえ違法とされようとも自分たちだけが主体的に行使できる産業民主主議、産業内行動（ストやピケ）をもって闘い抜こうとするものであった。当時のイギリスでさえ、それは「識者」にはすでに反時代的とみなされたかもしれない。この思想性を、ラファエル・サミュエルは、むろん肯定的に「ラディカルな保守主義」と規定している。近代史・現代史を多少とも知る者にとって、思想上の〈保守VS革新〉と行動上の〈穏健VSラディカル〉とが、まったく異なる対立軸であることは自明であろう。

さまざまの体験がもたらしたもの

この長期ストライキにかかわった人びとが体験のなかで実感し確認したいくつかのことにもふ

れておきたい。

ひとつは、すでに述べたコミュニティの復権であったが、それは多くの場合、女性たちのめざましい覚醒と台頭によってもたらされたものだった。この女性たちの主たる営み――フード・キッチンの運営や、困窮者への相談活動や支援（④182）の献身については、後により具体的に紹介しよう。

いまひとつ。それと関連して、ストライキを通じて家族、親族、隣人間の助け合いのつよい絆が確かめられた。退職していた年金生活の老親は息子世帯・娘世帯の乏しい生計費を援助し、すでに別世帯の兄弟・姉妹からの援助も頻繁であった。この時期、貧困の苦い青春に苦しんだヨークシャーの一五歳の少女ドーン・ニュートンは、こう回想する――ベーコン工場で働く兄が「すごく大きな肉のかたまり」を、姉さんたちはよくおいしい食べ物とか「チョコチップ入りのクッキーなど」を持ってきてくれた。それに二週間で五〇ポンド（約一・五万円）の収入がある職業訓練生のボーイフレンドは私に新学年用の制服まで買ってくれた……（⑦86）。

はじめは旧世代からその無関心を危ぶまれた若い世代は、確かに新しいクルマやオーディオの購入、パブやディスコの楽しみなど控えることを余儀なくされたけれど、ほどなく毎朝、進んで果敢なピケに参加するようになり、その後は拠点の福祉センターに集い、フード・キッチンで食事を供され、特別割引きのビールをのみ、なかまとダーツなどでくつろいで時を過ごすのが日課になった。皿洗いや掃除や運搬を進んで手伝いもする。そこでの集いが地域における世代間の絆を強めていた。そこではジョークや笑いが絶えなかった。ピケ参加者はむしろ若い世代が中心であった。その若さゆえの大胆さと筋力と敏捷さは、体格のよい治安警察に対抗する上でいくぶんかは有利だった。

伝統の炭鉱コミュニティでは、ストライキ側が、しばしば地元商店の支援にも恵まれたことにも少しふれておきたい。たとえば、映画『ブラス!』(一九九六年)の舞台となったグライムソープ(Grimethorpe)の炭鉱町では、ゲーリー精肉店がスト期間を通じて何千ポンドもの損失に耐えてフード・キッチンに精肉を提供し続けた。紙店、スウィーツ店、パン屋も拠金や安価な商品提供に応じた(②204)。アームソープ(Armthorpe)のパン屋ハワードは毎朝、ピケ参加者にパンケーキを贈り、電器店はといえば、月賦を払えなくなった坑夫がビデオデッキを返しに行くと、「いいよ、使ってな……仕事ができるようになったら払いな」と言う、そんな地域の雰囲気であった(②168)。

ストライキの日々は、苦渋に満ちてはいたがいくつかの楽しみもあった。例えばあまり旅行したことのなかった女性たちにとって、拠金集めの小旅行は心を昂揚させる体験だった。ストライキセンターでの交流とおしゃべり、警察の弾圧を出し抜くことのジョークまじりの報告も楽しかった。強いられた余裕の時間に釣りや家庭菜園やこっそり酒造りするのもわるくなかった(②

12）。ピケ参加者は、厳しいバトルの日にもたいていランチタイムでのくつろぎは欠かさなかった。その間に警察側はより強固な布陣を整えることになったけれど、この休息は、窮屈な統一行動になじまない自由な生活者にとって手放すことのできない習慣だったようである。

下からの自発性

坑夫たちの発想のありよう・マンタリテを考察する文脈でまたふれておきたいのは、その闘い方にみる、強大な労働組合メンバーとしては驚くほどの「下から」の自発性である。

これはもともとイギリスのユニオニストの特徴でもある。ストライキの八割ほどはまず非公式（山猫）ストとして職場や地域から始まるというのが、六〇年代～七〇年代の労使関係論の常識であった。くりかえしになるが、今回のストライキも、数日のうちにNUM本部に公認されたとはいえ、発端はヨークシャーやスコットランドの炭鉱支部レベルでの「下から」の蜂起であった。それが五月雨式に全国に広がったのだ。NUMの指令する整然たる統一ストライキではない。NUMの存在が世間に可視的になるのは、ようやく五月のバーンズレイやマンスフィールドの大規模な集会とデモのときだったという。

委員長スカーギルの雄弁は坑夫たちの戦意を喚起したとはいえ、その裁量を過大評価してはならないだろう。それ以降の諸行動は、ピケの動員も、女性たちの支援グループの結成も、その相互支援と連携づくり（twinning）も、ほとんど支部ごと・ムラごとに、自治的・自主的に遂行された。それは官僚主義とはほど遠い、草の根の民主主義の実践だった。もともと一九四五年結成のNUM自体が、単一組合とはいえ実質的にはエリア別組合の連合組織体であって、地方分権的な性格をもつ（⑤58–59）。その「地域自治」を尊重する本部中執は、必然的に生じる組合活動の地域格差を認めるほかなかった。スカーギルはときにヨークシャーNUM役員の穏健さにいらだったけれども、エリア組合を統括することはできなかった。そのエリア組合と個別の炭鉱支部、ひいては坑ごとの分会との関係も同じだった。

ノッティンガムNUMの離反は、この「地域自治」原則が裏目に出た結果ともいえよう。ノッティンガムは、「全国投票がなかったではないか」、「われらの炭鉱のことはわれらの手で」と唱え、地域自治の民主主義という名分で、遊撃ピケを拒否したのだ。しかしこのエリア組合も、地域内の少数の炭鉱支部がNUM側につくことを拒めなかったのである。

ストライキの倫理コード

こうして私たちはいま、坑夫たちにとっての望ましい人間像、いわば「倫理コード」というべきものを透視できるように思われる。

それはまずもって、炭鉱で協同作業に携わり、ムラ・コミュニティに住むなかまとの相互信頼に生きるロイヤルティ（loyalty）、日本的に表現すれば「義理」ということができる。お互いへの献身、闘争の場では多少戦略論を異にしても行動では決して裏切らないという仁義。それを護持することが「名誉」（honor）であり、それに背反することは「恥」（shame）だった。彼らがよく語る、労働者としての「自尊心」（pride）も「威厳」（dignity）もそこに基礎をもつ。ストライキを離脱して就業することの誘惑を拒むのは究極の自尊心のゆえ、敗北しても打ちのめされないのは究極の威厳のゆえだった。

とはいえ、決してなかまを裏切らないという義理や名誉感覚の惰力は、誘惑に屈したスト破り（scab）へのすさまじい軽蔑の罵倒と仲間はずしであった。坑夫たちがスト破りに暴行を働くことは、後にみる一例をのぞけばなかったし、日本にみられた「スト派」と「会社派」の間での乱闘などは皆無だった。ストライキの中期・後期に頻発した激しいバトルは、少数のスト破りを保護しあえて就業させようとする警察との間のことだった。

けれども、復職しようとするスト破りへの弾劾は、やはりこのストライキの濃い影の部分だった。ノッティンガムのベンティンク（Bentinck）炭鉱で一・六万人中わずか二三人のスト派の一人であった冷静なトッド・クラークは、私はレンガを投げないし、就業者に「卑劣な裏切り者」（scabby bastards）とも叫ばない、ストに期待することは、全国石炭公社（ＮＣＢ）を追い込み団交を余儀なくさせることだ……と語っている（②79）。スト破りへの広義のいじめについてはまた、北ヨークシャーの一五歳の怜悧なアンドリュー・ティラーが、ノステル炭鉱でNUM役員としてストを続ける父を誇りとしながらも、スト収束の二週間前、切実な筆致でこう書いている。

ごく初期の段階から、ぼくはずっと炭坑夫を支持してきた。現在でもそうだ。しかしぼくは……暴力には賛成ではないし、それを支持することもできない……ストに参加しない、仕事に出ている炭坑夫に対する攻撃など二度とすべきではない。一般の炭坑夫はまったく投票権を与えられなかったではないか。彼らにも、発言する権利があるし、なぜみんなが仕事に戻りたがるかの理由は、容易に理解できることではないか（⑦76）

しかしながら、濃い「影」の反面は、なかまの間での徹底した思いやりと助け合いという光だった。ムラ・コミュニティでは、ふつうの平等を超えた、いくらか恵まれた者はより苦境にある者を助けるという、ラファエル・サミュエルが一種の「ノブリス・オブリージ」とさえ表現する営みが展開された。燃料、食糧パックの配分も、公的給付や収入のない困窮者、単身者、シングルマザー、よるべない年金生活者などに優先的に行われた。この具体例も後の記述に譲るが、こうした自助と相互扶助の営みは、イギリス全土、そして海外からの拠金や物資にムラ・コミュニティが助けられたことへの、坑夫家族という義理堅い人びとの答礼でもあった（以上、②5-33）。

第4章 第Ⅱ期の苦闘：一八四四年夏〜秋

1　強権の発動

団体交渉の挫折

一九八四年七月から一〇月末にいたる第Ⅱ期、炭鉱労働者のストライキは、政府、石炭公社、警察、裁判所など強権の「揃い踏み」の行使によって、じりじりと後退に追い込まれていった。炭坑夫たちの連帯はなお強靱であった。八月二一日のフィナンシャル・タイムズ紙によれば、拠点地域のダーラム、南ヨークシャー、南ウェールズ、ケントでは、ストライキからの離脱者は〇・一五％に留まっていた（④171）。とはいえ、大規模な遊撃ピケはもう難しくなった。なお頻発したピケに伴うバトルは、主として、みずからの炭鉱またはコミュニティにおけるごく少数のスト破りを保護し就業させようとする警察との激突であり、民衆運動としてはなお依拠すべき人びととの絆はあれ、やはり坑夫側の孤立の兆しは否定できなかった。

以下、いくつかの現場の闘いの事例には後に立ち入るとして、まず、第Ⅱ期の特徴をもたらした背景を、時系列としては前後するけれど、要因ごとに概要を記したい。それらは全国石炭公社（NCB）との団体交渉のくりかえす挫折、司法権力の本格的な始動、期待された他の労働組合の支援行動の限界、その抑制や躊躇である。

石炭公社（ＮＣＢ）と全国炭鉱労組（ＮＵＭ）のはじめての団体交渉――しばしば協議・会談（talk）とよばれる――が行われたのは五月二三日である。

ＮＣＢはそこで「非経済的」な炭鉱の閉鎖への協力をＮＵＭに要請したが、むろんＮＵＭは直ちに拒否し、オーグリーヴでの激突さなかの三〇日、当然、会談は頓挫した。その後、会談は六月にも二度、試みられたけれど、これも挫折する。

それぞれの場での両者の主張をくわしく伝える必要はあるまい。最初から論争点は、ＮＵＭも閉鎖を認めざるをえない炭鉱の「危険」とか「資源の枯渇」とはなにか、「非経済的」または「収益の上がらない」炭鉱の閉山は社会的に正当か、坑夫の失業とコミュニティでの生活の喪失は「時代の流れ」としてやむをえないのか、調査や協議を尽くしても合意できないときの閉山の可否の「最終決定権」はＮＣＢに属するのか、などであった。サッチャーが決して手放すなとＮＣＢの背中を押し続けたこの最後の論点は、のち最終段階にいたってもついに超えられない妥結のハードルになり続ける。ちなみに、この団体交渉は、閉山の諾否が大前提であって、職を失う坑夫の生活保障の措置が議題になることはついに一度もなかった（③50）という。

それでも七月四日から再開された会談では、当時、後述する全国ドック・ストライキの危機のなか、なお非妥協を貫くサッチャーに危惧されながらも、ＮＣＢはいくらか歩みよりの姿勢を示した。七月九日の提案は、三月六日の閉鎖提案は再検討する、発表された閉山候補の五炭鉱はさしあたり稼働を維持する、合理化についてゆるやかなスタンスを示したかつての「炭鉱プラン」の改定協議を行う――という内容であって、両陣営の代表はいちおうの合意に近づいた。だが、組織内の討論を経て、ＮＵＭは結局、「再検討」ではなく「撤回」、ＮＣＢの「最終決定権」の拒否というスタンスに固執したのだ。七月一八日、一二時間の激論の末にも、ついに決着はつかなかった。タイムズ紙は、「コストにかかわらず、炭鉱労働者のための一種の職業的救済（therapy）として炭鉱を稼働せよと言うＮＵＭと、とりわけエネルギーというきわめて競争的な分野で、他のすべての事業体と同様に、炭鉱にふつうの商業的基準を適用しようとするＮＣＢ。これは結局、このふたつの哲学の分裂」にほかならないと評論したものである（③135–137）。

九月九日から一五日にかけてはまた、四つの開催都市で、イギリス労働組合会議（ＴＵＣ）も加わるＮＣＢとＮＵＭの会談が開かれた。しかしここでもはかばかしい進展はみられなかった。そこでＮＵＭの要請によって、政府の労使紛争の諮問・調停・仲裁の機関ＡＣＡＳが介入する。ＡＣＡＳは炭鉱閉鎖に関する「独立調査機関」の設置を骨子とする提案を練り上げた。このＡＣＡＳ提案は、ＮＵＭを孤立させたひとつの要因となる秋の全国炭鉱保安・監督者組合（ＮＡＣＯＤＳ）の争議解決に大きな役割を演じた。一〇月二三日、ＮＣＢとＮＡＣＯＤＳは、「最終決定権」についてはなお曖昧なままながら、後述する内容で妥結にいたる。ＮＣＢとＮＵＭ交渉は、やはり「最終決定権」がネックになって一〇月三一日、決定的に決裂する（③175、⑤109–110）。団体交渉関係では、これが争議第Ⅱ期の帰着点であった。

民法的弾圧の本格化

サッチャー首相は、当初から、地域の法務官のストライキに対する一定の同情ゆえに、ストライカーが「暴力行為」に手を染めているのに多くが処罰をまぬかれていると不満に感じながらも、炭鉱ストライキに対抗するために、警察の実力行使と刑法による取締まりに専念してきた。改正された労働諸法の規定にもとづく民法上の弾圧については、さしあたり内閣のなかでは意見の一致をみなかったからである。

雇用法や労組法の規定にしたがってNUMに対する民法上の訴追・差止令・損害賠償などを申立てる措置をNCBに要請すべきか。サッチャー自身は刑法・民法の併用の主張者であったが、エネルギー相ピーター・ウォーカーや閣外のNCB、鉄鋼公社（BSC）、鉄道公社（BR）、電力公社（CEGB）の総裁らは慎重であった。組合活動そのものへの加圧は、広く労働組合界の憤激を招きNUMへの支援を拡大させかねないという理由からである（⑥437）。第Ⅰ期にはそれゆえ、地方裁判所がいくつかの判決を下し、高等法院（High Court 以下HC）も、遊撃ピケの実行指令を無効（五月二五日）、NUMの年次大会を不法（六月八日）と認定したものの、NUMの各級組織の司法命令の無視に対する実体的な処罰はなかった。

だが、「オーグリーヴ後」の七月三一日、HCは、ピケを制限する労組法違反で南ウェールズNUMに五万ポンドの罰金を課した。そして八月一六日、その罰金支払いを拒否する法廷侮辱罪でエリアNUMの資産の一部七〇・七万ポンドを凍結した（①74-75、⑤114）。南ウェールズは結束は強固ながら激突をふくむマス・ピケはあまりなかったエリアであったが、これはNUMに対するはじめての物質的・金銭的な打撃であった。ついで八月六日には、ヨークシャーの二人のスト破り坑夫が「NUMに全国投票をさせよ」とHCに訴える。同月二八日、HCはこの提訴に応えて全国投票を経ないストライキに禁止命令を発した（①76-77）。

両エリアのNUMはこれを無視した。しかし、民法適用の寛容さの季節は終わったかにみえ、加圧はNUM本部に及んだ。一〇月一〇日、HCは、ヨークシャーのストへの禁止命令無視という「法廷侮辱罪」で、NUMに二〇万ポンド、委員長スカーギルに一〇〇〇ポンドの罰金支払いを命じた。次いで、その支払いの拒否を受けると一〇月二六日、HCはついにNUMの全資産一億七〇〇〇万ポンドの凍結命令を発したのである。四人の差し抑え人も任命された。さらに二八日には、中執メンバー二四人が上記二〇万ポンドの罰金に責任あるものと認定されている。

NUM資産のうちかなりの流動資産は、スイス、アイルランド、ルクセンブルグなど海外の銀行に預金されていたので、以上の凍結には複雑な手続きを要し、組合側の弁護士の活躍もあって

ＮＵＭの財政が直ちにゼロになるわけではなかった（以上、①78、⑤114）。とはいえ、少なくとも資産を凍結する司法介入が、ストライキやピケの日々の実践にとってしたたかな打撃であったことはいうまでもない。サッチャーは「ついに民法が、その鉄槌を振り下ろした」と弾んで語っている（⑥455）。象徴的にも、団体交渉の決裂とときを同じくする、七月から一〇月にいたる司法の強権発動は、ＮＵＭが追いつめられてゆく第Ⅱ期の最後の画期ということができる。

2　サッチャーの憂慮のとき

全国ドック・ストライキのゆくえ

とはいえ、時期を少しさかのぼれば、八四年七月は、サッチャー首相の憂慮のときであった。強大な運輸一般労働組合（ＴＧＷＵ）の計画する港湾ストライキが、炭坑夫たちの闘争を励ますとともに、全英に物流の停滞をもたらしかねない事態を引き起こしていたからである。

ＴＧＷＵのストライキの目的は、直裁なＮＵＭ支援ではなく、一九四五年以来の「全国ドック・レイバー・スキーム」（ＮＤＬＳ）を護ることであった。ＮＤＬＳとは、一定領域の仕事遂行の権利をもつ港湾労働者を登録制の下に包括し、就業ルールの平等化・不就業時における一定の所得保障を行政および船主の資金提供をもってはかることによって、ドック労働伝統の病弊、雇用と稼得賃金の不安定性を克服するという、港湾労働組合運動の画期的な達成である（⑩31-32）。

争議の発端には石炭や鉄鉱石のトラック輸送網の整備をはかっていた鉄鋼公社（ＢＳＣ）がかかわっている。ＢＳＣは、南ハンプシャーのイミンガム港で備蓄されていた鉄鉱石のスカンソープ製鉄所への輸送に関し、荷の積み降ろしを仕事範囲とするＴＧＷＵ傘下のドック労働者（ドッカー）の規制を無視して、未組織のトラック運転手を使って陸路輸送しようとした。これは港湾労働者が死守するＮＤＬＳの無視であり、ＴＧＷＵはこれに抗議して、七月九日、全国の港にストライキをよびかけたのである。

文献⑤の著者早川征一郎によれば、驚くべきことに翌日には、「全国一万三〇〇〇名のドック労働者が呼びかけに応じ」、二万人以上の関連労働者にも支持が広がった。これによって「イギリスの輸出入の四分の三が波止場近くで立ち往生させられた」。それに鉄道労組、海員組合、もうひとつの巨大な一般組合である都市一般・製罐・関連労働者組合（ＧＭＢＡＴＵ）などの他組合も、ドッカーのピケラインを尊重し、部分的にはストライキなどの支援行動も行っている（⑤102-103、⑥439-440）。

サッチャー内閣は当然、炭鉱ストライキの影響を上まわるこの国民経済への打撃を深く憂慮した。非常事態宣言は避けたとはいえ、治安警察の動員はもとより、いざとなれば二万人の軍隊と七〇〇〇人の「NDLS適用外」のドッカーをスト破りの労働力として用いるプランも策定している。もっとも、TGWUにも弱みがあった。この時期には、港湾の民営化も一定進んでいて、ブームに沸くコンテナ扱い港を中心にNDLSの非登録港も少なくなく、したがってたいていは非組合員である非登録ドッカーは、一・三七万人の組合員・登録ドッカーをはるかに凌ぐ多数に及んでいたのである。

この非登録領域にTGWUは組合規制を及ぼすことができるか？ サッチャーはピケがここに及べばTGWUを提訴する方針であり、TGWUはむろんすべての港へのNDLSの拡張を主張した。海外の港湾組合の協力をふくむTGWUの連帯ストおよびピケは、非登録港のドッカーと未組織のトラック運転手による当面の実利を求める就業を阻止しなければならなかった。だが、それはひっきょうできなかったのだ。天秤は徐々に未組織グループの側に傾いた。とりわけ非登録港を代表するドーバー港では、作業を妨げられ留めおかれる、外国人をふくむドライバーたちの憤激が昂じていた。ここではTGWUのドッカーとローリー・ドライバーの殴り合い（③150）も起こり、やがてドーバーを端緒として港湾ストの統一性は崩れていった。七月二一日、「将来、NDLSの意図的な違反はしない」というACAS介入の妥結条件にもとづいて、第一次ドックストライキは中止されるのである（③138–144、⑥439–442）。

TGWUの闘いは、とはいえ、以上では終わらなかった。

八月一〇日、ＢＳＣのレーヴェンスクレイグ製鉄所向けの石炭を積んだ船舶「オスティア」をめぐって、スコットランドはクライド湾のハンターストーン・ターミナルで紛争が生じていた。この港では、石炭の荷降ろしは船上ではＴＧＷＵの組合員が、陸上ではＢＳＣの従業員が行う慣行であった。しかし「オスティア」の積荷の九〇％は船倉内の作業が不要だったので、ＢＳＣは自社の作業員を使ってすませようとし、ＮＤＬＳ関係の手続きが手間取ると、コークス供給が急がれる溶鉱炉に危機が迫っていると感じ、一方的に自社の作業を強行したのである。

ＴＧＷＵは八月二三日、ふたたび七八の全登録港にストライキ指令を発している。ＮＵＭはオーグリーヴ以後も、方針上はなお製鉄所ピケの必要性を主張していた。それゆえ今回のストは、前回以上に直截にＮＵＭ支援の意味が濃厚であった。この第二次ドック・ストライキにより、イギリスの海上取引の七〇％が打撃を受けたという。

けれども、この間、特別退職金により任意退職する登録労働者が増えていたこと、とくにスコットランドではＴＧＷＵもやはり地域経済への配慮から製鉄所の危機に敏感であったことなどもあって、今回の闘いの広がりは、第一次ドック・ストライキほどの勢いをみせなかった。組織・未組織を問わず、トラック運転手の疾走も続いていた。政府の危機感もほどほどのものだった。九月一八日、ストライキは中止される（以上④139-140、⑤105、⑥446-447）。

ふりかえってみれば、ＮＵＭが支援者としてもっとも頼りにしたこのイギリス最大の労働組合も、サッチャーが「馬鹿げた制度」と嗤うNDLSの及ぶ範囲、登録労働者の比率、そして組合組織内外のトラック運転手へのピケの有効性などの限界をついに超えることができなかったといえよう。

全国炭鉱保安・監督者組合（NACODS）争議の帰結

この第Ⅱ期、NUMの闘いの帰趨に大きな影響をもったのはもうひとつ、その勤務なしには炭鉱の操業ができない仕事の担当者――炭鉱の下級管理者、点火係、保安係などの労働組合NACODSの動向であった。

NACODSの組合員一・五八万人は、主としてもともとは炭坑夫であり、四月一一日、規約上ストが有効になる三分の二には届かなかったとはいえ、過半数をもって閉山に抗う今回の炭鉱ストライキを支持していた。しかし争議中にNCBが課した就業上の義務は炭鉱ごとに異なって、彼らは中途半端な状況におかれており、事実上ストライキの者も多かった。その曖昧な状態を変えたのは、NCBが焦りのあまり八月一五日、「ピケラインを突破して入坑せよ、従わなければ賃金をカットする」という回状を発したことである。NCBは「みずから墓穴を掘った」とサッチャーが批判したとおり、NACODSは回状に憤激し、九月二八日、八二・五％の高比率で一〇月二五日からストライキに入ることを決議したのである。

けれども、NUMのそれと併行して行われていた、ACASが介入したNACODSとNCB交渉は大きな進展をみた。NACODSは、NCBの八月一五日回状の撤回とともに、三月六日の閉山提案の完全な再検討、炭鉱継続の適否を再検討する炭鉱閉鎖手続きの修正、独立の調査検討機関の設置（テストケースとして五炭鉱の存廃もここで検討する）という内容で妥結した。ただしここでも、「慎重な検討の末」の「最終決定権」はNCBに帰属すると解釈される余地は十分にあった。妥結は一〇月二三日。計画されていたストライキの前々日であった（③161–175、⑤107–109、⑥448–449）。スカーギル指導のNUMはなお、この線での妥結を拒んだが、サッチャーは愁眉を開いた。九月のTGWUに次いで、一〇月末にNACODSが闘いの矛を収めたことがNUMの援軍の撤退を意味することは確かだからである。

3　他組合のNUM支援、その理念と現実

イギリス労働組合会議（TUC）の対応

さて、ここでもまた時点は少しさかのぼるが、ここでナショナルセンター、イギリス労働組合会議（TUC）の対応を瞥見し、NUMのストライキに対する他の労働組合の支援とその限界を

総括的に検討することにしよう。

ＴＵＣ総評議会（ＴＵＣ・General Council 以下ＧＣ）は、七月末、ＮＵＭへの財政的支援を申し出てはいたが、ストライキ行動そのものへの対応は慎重であった。ＧＣがこの問題をはじめて討議するのは遅れて八月二二日だったが、具体策は初秋のＴＵＣ大会に委ねられた。書記長レン・マレーはニューリアリズムの信奉者であり、「マス・ピケの不必要な効果的な争議を！」という立場だったという。

それでも九月三日に始まる年次大会は討論の末に、圧倒的多数をもってＧＣ提案の「全面支援」（total support）を決議している。次のような内容である。⑴炭鉱を救い雇用とコミュニティの生活を守ろうとするＮＵＭの闘争を支持する一致したキャンペーンを開始する／⑵坑夫と家族の困窮を救いＮＵＭの財政を維持するため拠金活動を展開する／⑶ピケラインを超えることを禁止する／⑷ストライキを有効にするために、ⓐ石炭やコークスや石油や原材料をＮＵＭの公式ピケラインを超えて移送しない、ⓑ石炭の代わりに石油を使わない……。

それは確かに労働組合主義の原則に則し、ＮＵＭの心を高揚させる周到な内容であった。しかしながら、注目すべきことに、この決議は末尾で、これらはＧＣや関連産業の労働組合との詳細な協議・合意の上で実施されるものと、「釘」（sting）を刺されていたのだ（③156）。問題はここに潜んでいる。

フロアでは、スカーギルの熱い訴えを支持する発言が相次いだ。けれども、穏健派の公務員事務職労働組合（CPSA）、TGWUと双璧をなす一般組合GMBATUの代表などが消極的な立場を表明し、鉄鋼労働組合連合（ISTC）と電力関係の有力組合、電気・電子・通信・配管工労働組合（EEPTU）などが決議に反対した。もっとも、興味深いことに、ピケラインの無条件尊重（respect）論を批判し、電力産業は決して外部の紛争解決に利用されないと辛辣に論じたEEPTUのジョン・ライオンは、NCBとNUMの九月交渉の斡旋を試みている。また、左派から離れつつあった強大な機械産業労働組合（AUEW）は、これまでのNUMのTUC軽視やピケ・バイオレンスは批判したとはいえ、それでもストライキを強く支持し、九四・三万人のわが組合員は「NUMとともにある」と熱弁をふるった（③157–158）。

ちなみに坑夫たちが製鉄所に次ぐターゲットとして各地ではじめていた発電所への遊撃ピケは、総じて不成功であった。発電所がOPECからすでに大量の石油を買い付けていたこともある。しかし不成功の主な原因は、電力関係の労働者がピケの突破を辞さなかったこと、タンクローリーのドライバーたちの多くが、シェル、エッソ、テキサコのドライバーの義侠心による例外的な協力はあったとはいえ、NUMやTGWUのピケ隊の説得に応じなかったことである。六月一五日、フェリーブリッジ・A発電所への燃料供給のトラックを止めようとした北ヨークシャーの坑内夫ジョー・グリーンがトレイラーにはねられて第二の死者になったことも、暗い記憶になっていた（③102）。ともあれ後の一九八五年二月、NCBのハト派経営者ネッド・スミスは、八四年九月にTUCが発電所へのぬけがけの石炭と石油の輸送をストップさせる戦略のガイドラインで一致できなかったことが炭鉱ストの敗北を軌道づけたと述べたものである（以上、④152–158）。

TUCの「全面支援」決議の末尾に加えられた「釘」は、さまざまのルートで「全面支援」決議の実効性を失わせたかにみえる。決議の実行によって操業に実質的な影響を受ける関連産業の労働組合は、総じて反対もしくは傍観であった。もちろん、仕事が止まるという「自分たちの職場への実害」のほかにも、吟味されるべきいくつかの理論上、実践上の論点があった。

例えば、NUMの全国投票の棚上げは、多数決を尊重する穏健派にはやはりスカーギルの専制と感じられていた。いわゆるピケ・バイオレンスも、労働党のキノック党首ほど公然とではなくとも、無条件支持をためらわせた。新しい労働法制の義務づける全国投票やピケ範囲の限定に対するNUMの堂々たる違法行為、命令無視の闘いに実力をかけて加担すれば、みずからの組合も「法廷侮辱」による罰金を課せられかねないという危惧もある。選挙や議会の役割をより重視してマス・ピケの有効性を疑う「ニューリアリズム」の浸透もあった。表明される伝統の連帯思想の裏に、労働組合運動のベテラン指導者としてのこのようにしたたかな実利の思惑が兆すのはいわば当然といえよう。結局、多くの大組合の支援は、後述する拠金が中心であり、みずからの労働の場で炭鉱ストを支えるストライキなどの産業内行動は乏しかった。

とりわけ左派と目される最大労組ＴＧＷＵのリーダーは、矛盾にさいなまれたことだろう。ミッドランドやノッティンガムで働く傘下のトラック運転手や、やはり傘下の発電所の作業員は、総じてピケに協力しなかった（③149）。南ウェールズの製鉄所への石炭や鉄鉱石の輸送を引き受けたローリー運転手の三分の二は実はＴＧＷＵの組合員だったという（④129）。もともと労働市場が流動的で歩合給で雇用され、あるいは自営業で働くことも多い「トラック野郎」をピケラインを超えないよう説得するのは、ＴＧＷＵにも難しかったのである。

労働現場でのＮＵＭ支援

それでも、そんななか、全国鉄道労働組合（ＮＵＲ）や機関士組合（ＡＳＬＥＦ）傘下の鉄道員たちは、すぐれて仕事の場で炭鉱ストライキを支えた人びとであった。レスターシャー州コールヴィルの鉄道員は、八四年四月三日からストの終結時まで、この地で稼働している炭鉱関係の輸送作業を拒否し続けた（④121）。その他の地域、例えば北ノッティンガムに近いダービーシャーのシアブルーク、ロンドンのチャリングクロス駅などでも、運転手、信号手など鉄道労働者による炭鉱スト支援の職場行動があり、解雇の警告で恫喝する鉄道公社（ＢＲ）との間で紛争が頻発した。政府は道路輸送の活用によって「救われた」とはいえ、炭鉱や発電所向けの鉄道業務はストライキ中ほとんどできなかったという（④121―123）。

もうひとつ注目に値するのは、大衆紙サン新聞社の印刷工の仕事を通じての炭鉱スト支援行動である。印刷工たちは、六月一五日、サン紙がトップページにナチスのヒトラーをもじる「坑夫たちの総統」（Mine Führer）のキャプションでスカーギルの写真を掲げたことに抗議して、仕事を拒んだ。新聞は三日間、休刊を余儀なくされている。九月二七日にはまた、「かつて地の塩だった坑夫は今や地上のゴミ」と書く記事を黙過できず、印刷工の二組合（NGA、SOGAT）はともに、NUMに反論のスペースまたは（こちら側の）広告のページを与えよなどと要求した。そして要求が編集部に拒まれると、次週の二日間、ふたたびサン紙を休刊に追い込んだのである（①76、④123―124）。

広汎な支援拠金と物品供与

くりかえしいえば、TUCの「全面支持」に即した労働現場でのNUM支援行動は、イギリス労働界でさえさほどではなかった。しかし、多くの組合は組織的な拠金活動は展開している。九月までに限っても、その実額は、ASLEFは六万ポンド、公務員現業労組（NUPE）は五万ポンド、TGWUは三万ポンドであった（③151）。

組合の正式機関に留まらず、秋には、さまざまのグループまたは個人からのボランタリーなカンパが、広く、合わせれば大きな規模で流れ込んでいた。それは伝統の階級連帯にもとづくNUMのストライキそのものへの支援ばかりではなく、あるいはそれ以上に、超階級的な、ほとんどチャリティと区別できないような坑夫とその家族への生活援助だったかもしれない（②33）。煩雑を避けてここでは拠金の開始時期や金額の記述は省略するけれども、それらの主体は、労働党と諸組合支部、個別職場、労働者と市民からなる各地の坑夫支援団体、左翼の諸グループ、教会、それにサッチャーの施策に批判的な反原発・フェミニスト・性的マイノリティなどの運動体、そして一介の市民個人である。

地域的範囲はバーミンガム周辺など伝統的にユニオニズムの根づいている工業地帯だけではなく、ロンドンや繁栄する南西部にも及んでいた。新聞街フリートストリートのユニオニストにはとりわけ支援者が多く、一年を通じて二〇〇万ポンドをカンパしている。海外からの支援も例外ではなかった。九月二一日、ティルバリー・ドックに到着したオーストラリア船が船腹に支援の横断幕を掲げ、八〇〇オーストラリアンドルをケントのストライカーに贈ったのは、その代表例である（①36）。支援品は現金だけでなく、食糧の場合も多かった。八月にはロンドンから、ヨークシャー炭田の中心都市バーンズレイへの一〇万ポンド相当の食糧を積んだトラック・コンボイが出発している（①39）。

サッチャーはヒース内閣の教育相だったとき、経費節減政策の一環として学校給食での学童へのミルクの無償提供を一部廃止している（⑮96）。それゆえにか一九八四年夏、カーディフのNUM支援女性集会のスローガンには、「サッチャーは私たちのミルクをひったくった、いま彼女は私たちのパンを盗む」「サッチャーは警察に支払い、子どもたちを飢えさせる」とある（①38）。女性たちの坑夫支援は、こうした政府の福祉カット政策への抗議にも通じていた。

すべてが終わったとき、ガーディアン紙は、約六〇〇〇万ポンド（約一六八億円）の拠金が集められたと推計している（以上④125–127参照）。ちなみに六月三〇日のエコノミスト誌上の世論調査では、坑夫への支持は三五％であった（④141）。サッチャーの思いこみとは異なって、炭鉱ストライキは「国民」からそれほど孤立していたわけではなかったのである。

では、この時期、追い込まれてゆく坑夫たちの炭鉱現場とムラ・コミュニティでの闘いは、どのような状況だっただろうか。

4　復職者＝スト破りの「争奪」

復職促進ドライヴ（ＢＷＤ）に対抗するピケ

NUMのストライキは、夏から秋にかけて、マス・ピケというよりは、いっそう個別的でゲリラ的な色彩を強め、そのぶんいっそう壮絶になりつつあった。それぞれの炭鉱現場とムラでの闘いが総じて、個々の炭鉱における警察のスト破りの就業保護に対する阻止を中心とするようになったからである。

五月二五日にノッティンガムで発足した「就労坑夫委員会」を核として、九月一一日、全国就労坑夫委員会（ＮＷＭＣ）が結成された。この復職希望者の結集に応えて、オーグリーヴ以後の七月には、地区の炭鉱経営者が「スト離れさせて仕事に戻らせる」働きかけ（ＢＷＤ）を、坑夫の住む町や村において、「靡きそうな」組合員を訪問して説得するというかたちではじめた。七月九日には、団体交渉に見切りをつけたＮＣＢが、一一月に本格化するＢＷＤ運動のプランを策定している。

とはいえ、すでに述べたように、拠点炭鉱での戦線離脱は、第Ⅱ期にまだほとんどとるに足りぬものであった。しかしそれなればこそ、たとえ一人でも復職希望者があれば、警察は、経営者と結託して、彼を守ってなんとしてもピケラインを超えさせる実力行使を辞さなかった（④165）。それゆえ、この時期から、坑夫と家族の闘いは総じて、ごく少数の復職希望者をめぐる警察とのすさまじい争奪バトルの様相を帯びることになったのだ。その代表的な事例に立ち入ってみよう。

復職ドライヴの先進地区とされた北ダービーシャーのシアブルーク（Shirebrook）炭鉱では、七月末、積極的な復職派のケン・モーゼの努力と協力を得て、ひとりひとりの坑夫に手紙を書き、返信するなど見込みある者を特定して、購入したバス六台でピケを突破させる戦略がとられた。文献③によれば、一〇〇人ほどがBWDの説得に応じていたが、それに対して坑夫たちは、復職者の自宅、警察署やパトカーに、レンガ、牛乳瓶、ゴミ箱を投げるなどの暴力をもって抵抗したという（③201-203）。

もっともアナーキーだった闘争の場はおそらく、七月におけるドンカスター近郊ロシントン（Rossington）炭鉱であろう。七月九日、ここでは二人のスト破りを守るため二五〇人の治安警察官が動員された。警察は坑夫たちの張った有刺鉄線のバリケードを壊して複数の経営スタッフとスト破りふたりを構内に導いたが、坑夫たちは炭坑ヤードを占拠して経営スタッフを人質とし、従業員の良否選別に使われる人事記録を廃棄した。警察も同意して入坑したヨークシャーのリーダー、ジャック・テイラーらは、事態の沈静化をはかり、「われわれは組織労働者なのだから規律ある行動をとろう、このような非合法を続ければ暴徒とみなされ、国民の支持を失って闘いは敗北するだろう」と訴えた。坑夫らは容易には従わなかった。結局、警察の増援部隊のバンが突入して人質のスタッフを救出する。彼らを乗せたバンが坑口近くを取りまく支援者や家族たちの罵倒と投石を浴びながら過ぎ去るまで、この反幹部的な平組合員の闘いは終わらなかった（④160-162）。NUM組合指導者が事態を収めたと評価することはできない。

次の事例は、ドンカスター近郊のアームソープ（Armthorpe）炭鉱である。八月二一日、ここでは復職希望者はわずか三人であったが、警察の保護入坑の強行に備えて、坑夫たちは、移動クレーンとコンクリートブロックでバリケードを築いた。しかし、意表を突いて五〇台のバンから現れた治安警察、また周囲の森に隠れていた何百人もの地元警察に襲撃され、ピケ隊は追い散らされた（④168）。

その前日には、ダーラムのイージントン（Easington）炭鉱で、復職志願の若者ポール・ウィルキンソンが激しい入坑阻止に遭遇した。坑夫たちは、警官たちにペンキをつめた卵を投げつけ、事務所のガラスを割り、パトカーを転覆させた。ウィルキンソンの入坑は一〇〇〇人の坑夫たちの抵抗でこの日は阻まれたが、闘争は四日間も続いた（③203-204）。八月二三日には、警察はピケを出しぬいて彼を裏口から入坑させた。ここでもNUMの支部リーダーは、平穏を保つべく、経営者にウィルキンソンを帰宅させよと申し入れている。だが、これは聞き入れられず、坑夫たちは素手で闘うことを選んだ。パトカーはガラスを割られ、また転覆させられている。警棒で殴られ死にそうなほど蹴りつけられる若者を救うため、坑夫たちは警察に消火器を噴射する。それ以降、三〇〇〇人の警察官はムラをパトロールして、二、三日間、人びとを禁足状態にしたのである（④169-170）。

類似のバトルは、他の炭鉱でも頻発したが、同時にムラが警察に侵略されるのがつねだった。

アームソープも例外ではなかった。地域によってはときに警察は、NUM内に報酬つきの内通者を用意し、その情報にもとづいて覆面パトカーを送り込み、クルマのナンバーで特定した「過激な」活動家を監視し、潜在的な復職希望者をハラスメントから守った。ピケの場では、坑夫たちの参集する予定時間よりはるかに早く布陣を整える（③205–206）。活動家の逮捕は、「これからは組合に顔を出さないこと」などの条件でしばしば保釈されたとはいえ、ピケの場でもムラでも相変わらず頻繁であった。しかし保釈条件を守る坑夫はほとんどなかったという。

容赦なき弾圧とムラ・コミュニティの抵抗

もちろん、スト破りの擁護でなくとも、警察のはばかりないピケ弾圧は絶えなかった。

例えば南ヨークシャーのモルトビー（Maltby）炭鉱では、ピケ隊の暴力がマスコミに誇張して報じられた三日後の九月二四日に、二〇〇〇人の坑夫が、騎馬、警察犬をふくむ多数の警察官と対峙した。坑夫たちは警官隊に阻まれて門に近づけず、ムラの周囲まで押し戻された。こうしてピケ隊の多くが分散するやいなや、木立に隠れていたつなぎの制服の治安警官隊が突然現れ、容赦ない攻撃を残りの坑夫たちに加えはじめた。ピケ隊の抵抗において、警察の報告に記された「空気銃」はなく、投石はとるに足りぬ程度だった。ハマースミスからの支援者イアン・ライトはしたたかに警棒で打ちのめされ、写真（①51）に明らかなように、血まみれで横たわった。なかまが駆け寄ると警官は「ろくでなしは死ね」と嘲ったという。労働党議員ケヴィン・バロンもぶちのめされ、NUM分会役員のボブ・マウンジーも襲われて重傷を負った。「私の生涯でこれほどの残虐をみたことはない」とバロンは語っている（④175–176）。

この時期の闘いとしてもうひとつ見逃せないのは、坑夫家族が生き延びるに不可欠な暖房と調理のために石炭の戸外堆積場、ぼた山から石炭を拾う作業を警察が弾圧することに対する、ムラを挙げての対決であった。ヨークシャーのグライムソープ（Grimethorpe）が代表例である。

ハロルド・ハンコックの回想によれば、一〇月一二日に突然一二人が、一六日には二八人が一二〇人の警官によって逮捕された。働いていた六〇〜七〇人のうち多くは中高年層、女性、そして子どもだった。しかし一七日には何人かの若者が抵抗のバトルをはじめ、多くのコミュニティの住民が結集して、警察署に投石し窓を破った。午後三時には三〇〇人、一一時には六〇〇人の動員された治安警察がグライムソープを封鎖して、抗う若者を警棒で殴打し拘束する……。だが、自分たちがそこで生きてきた〈われらの炭鉱・われらの町〉の警察権力による蹂躙を、人びとは決して許さなかった（②119–121）。

その後、南ヨークシャーの警察委員会（三者構成の警察業務検証機関）の開いた公聴会では、町長、坑夫の妻などが自分たちや子どもたちに加えられた暴行の数々を語り、委員会議長は治安警察を「ナチの突撃隊のよう」と非難する人びとの発言に耳を傾けた。そして公聴会の終わりには、南ヨークシャー警察の副主任フランク・ガセルが、「私は謝罪する、無条件に謝罪する」と述べたのである。ストライキ中の治安行動に関する警察の高官の、それは異例の発言であった(④176–177)。

こうして警察の暴力の行使はこの地では終わった。とはいえ、形式上は「窃盗」とみなされる石炭拾いはできなくなり、クレーンには監視カメラが取り付けられ、警察とNCBスタッフのムラ・パトロールは続いた。この監視体制の浸透はグライムソープのみではなかった。

一九八四年一〇月末、強権の合力に追い込まれて、マス・ピケ、とくに遊撃ピケはどの分野でももうできなくなり、NUMと坑夫たち・家族たちの闘いは、主としてみずからの炭鉱におけるスト破り防止のそれに限られるようになった。サッチャーにとってドック・ストライキの七月〜八月は「最悪の月」であったが、一〇月末には潮目が変わり勝利の展望がみえたと彼女は感じていた(⑥439–455)。けれども、炭鉱ストは翌年の二月末までもちこたえる。ではなにが、なお四ヵ月続く苦戦に耐えさせたのだろうか。

第5章　ストライキを持続させるムラ・コミュニティ

女性たちのフード・キッチン

苦闘のストライキを支えたのはなによりも、坑夫とその家族たちが、個人的な消費生活の向上とともにいくらか希薄になっていたムラでの人間的な絆の再生を実感するなかで展開した協同の助け合い、相互扶助であった。

そこで決定的な役割を果たしたのは、坑夫の妻や母、ときにガールフレンドを交えた女性たちである。すでに三章でかんたんにふれたところだが、多くの女たちの覚醒と台頭は、この長期ストライキ闘争のめざましい特徴であった。それまで政治にも組合活動にも総じて関心の薄かった彼女らは、ここにきて、それまでもっぱら男たちの営みだった活動のほとんどすべての領域に進出した。いくつかの拠点炭鉱では、労働組合機関の指令がなくとも、女性行動隊（WAG）、坑夫支援女性組織（WSG）などのグループが結成された。

女性たちは、ピケ、遊撃ピケへの参加も辞さなかった。ストライキ関係の会計事務、連絡文書づくりにも携わった。大衆集会で「はじめて」スピーチする活動家も輩出した。女たちが秘めていた表現のエネルギーが、各地に実情を訴え、みずからの思いを伝える語りに、報告書に、手紙に噴出した。もう男たちだけの闘いではない。日本でいう「ストは台所から崩れる」ようなことはなかった。アームソープの坑夫、三七歳にして五人の子持ちのキースは、週一二時間のパートタイムで働きながらピケにも同行する妻からある日、「あんたがスト破りして仕事に戻るんならさよならだからね」と宣言されたものである（②173）。
もっとも注目すべき活動は、夫や息子からピケ参加の危険性を指摘されることもあって、女性の多くが、ストライカーたちに食事を提供するフード・キッチン、スープ・キッチン（日本でいう炊き出しの食糧支援）の開設と運営に着手したことだった。キッチンは各地の炭鉱に広く普及している。ドンカスター近郊のヨークシャー・メイン炭鉱ムラのイザベルは、その始まりをこう語っている。彼女ら少数のなかまはノッティンガムのピケに参加したが、その経験から、ストライキの持続にとって女たちの役割が決定的に大切だと感じ、コミュニティに別の女性組織をつくろうと思い立つ。

なかま一〇人の女性たちは半夜、私たちになにができるかを話し合った。五人はピケに参加したが、みんなは「サッチャーは仕事に戻るように坑夫を飢えさせようとしている」と言った。そこで私たちは腰をすえて手書きでリーフレットをつくり、ムラの家々に配った。一五人の女性が会合に来た。私たちはキッチンを立ち上げる決心をした（①9、④178−179）

男たちが愉しげに食事する別の炭鉱キッチンの横断幕には「ヤツラが（われわれを）飢えさせることはできない」と書かれている（①9）。彼女らの気概がそこに横溢している。

ハットフィールド・メイン（Hatfield Main）炭鉱では、ストの初期から好意的な地域業者の支援があって、四月半ばには、女性グループがピケ隊にスープ、パイ、ビスケット、豆などの配布をはじめた。それをはじめとして、三箇所で「スープ・キッチン」が開設される。スト八週目には、弁当のない単身者などにサンドウィッチが、さらには八〇食ものディナーが供された。ここでは地域の業者から毎週五～七ポンドの肉の寄付があり、毎週二〇〇箱のタバコの寄付にも恵まれた。パン屋は毎日あまったパンを渡してくれる。こうしてハットフィールド・キッチンを営む女性グループ（HMKW）は、六月には二〇〇食から三〇〇食のディナーで若年・壮年の坑夫たちの胃袋を満すことができるようになった。取材に訪れたドイツの撮影隊は一〇〇ポンドの、交流していたロンドン・キャムデンの公務員現業労組（NUPE）は二〇〇ポンドのカンパを寄せている（②129-131）。

それでもイザベラらのヨークシャー・メインでは、メンバーたちがピケに参加しながら、キッチン運営のため設備を確保し、資金集めに出かけ、大量の食材を調達し、調理するのは容易でなかった。しかし、その苦労は十分に報われる。ほとんど毎日、ピケの前線から戻る坑夫たちは、キッチンに用意された温かい食事を楽しみ、その場でなかまとくつろぐ。とくにシングルの男たちにとってそこはスト中のいちばんの居場所だった。男たちは感謝して、荷物の運搬や後片付けや清掃を積極的に手助けしたという（④179-181）。

ベントリー（Bentley）の女性行動グループ（WAG）の営むキッチンは、そのもっとも成功的な実例とされている。彼女らはロンドンのTUCキャムデン評議会の労働者と連携を保ち、毎日、五〇〇人の坑夫と家族たちをまかなう拠金を得たからだ。組合の集会の出席率は半分以下だったが、それ以上にキッチンは、ピケ参加者と労働者たちが集って討論する重要な場でもあった。ひとりの労働者は「ここへ来るとたいていの組合集会よりも多くを学べる」と回想する（④180）。それはまったく自主的で自治的な闘いの拠点だった。

支援領域の多様性

コミュニティの営みが、坑夫への食事供給以外にも広がりをみせた事例もある。例えばアプトン（Upton）および北エルムズオール炭鉱の「ストライキ家庭の子ども支援グループ」（以下、支援グループ）の活動である。

アイリス・ナイトは次のように報告する。六月以来、アイリスらは、単身者坑夫に弁当を、三日ごとに全坑夫とその家族に温かい一皿を提供してきたが、ストのため青果・冷凍食品店が立ちゆかなくなったワード夫妻が無償で店を貸すと申し出てくれたことに感謝して、ここに食事供与と衣料品支給の拠点をおいた。最初に手がけたのは、無料の学校給食のない赤ん坊と幼児への食事供与だった。衣服供与のない全日通学の子供への支援もはじめた。新しい「店」に衣服と日用品を貯蔵するため、ムラをまわって不要ながらほとんど新品の衣類などを集め、地域の縫製工場からラックを借りてそこに展示する。地方紙への広告もあってうまく運び、支援グループは幼児をもつすべての坑夫家族に必要な衣類を届けることができた。

それからは、地域の業者からのさまざまの育児用品、缶詰め食品などの寄付や大幅な割引き販売の申し出が相次ぎ、ゼロ歳児と就学前の子どものある世帯への食糧包みの配布ができるようになった。夫たちも食材購入、運送・運搬、不足しがちな資金集めなどに努力を惜しまなかった。それはムラぐるみの営みだった。スト以前には、私たちは視野も行動もすべて「自分の家族単位」だったが、今ではみんなが世代を超えて知り合いになり、孤立していたニューファミリーもコミュニティに帰属するようになった……（②122-124）。

食糧供給を超えるムラの支援の実践例をもうひとつ挙げる。ポンテフラクト（Pontefract）の女性支援グループ（ＷＳＧ）は、なによりも坑夫家庭への電気とガスの供給ストップの危機に注目した。これについてＮＵＭ支部の対応は不十分だったので、ＷＳＧは一〇月、両方の公社と関連組合に、接続が切られる家々にピケを張ると通告したのだ。電力公社は困惑してこの措置を撤回する。ＷＳＧはまた、ストライカーの子どもへの服の支給を増やせとキャンペーンを展開し、その圧力で地方行政に衣服代の増額を実施させている。それまでは、五歳以下の子には支給がなく、通学中の子には分割払い二五ポンドのみの支給だったからである（④180-181）。

子どもたちの学校体験

子どもたちに関連して、ここでスト中の子どもたちの学校体験にも少しふれておきたい。教師たちのなかには、新しい制服が買えない坑夫の子には「Tシャツだけで通学していいよ」と庇う人もいた。しかし、中流階級出身らしい多くの教師は、炭鉱ストライキに批判的で、みすぼらしい服装の炭鉱の子に冷たく対応したようである。ケントのエリ・ペンス（一五歳）の回想によれば、ここでは教師が、「ケントの女たちは炭鉱閉鎖に反対する」と書いたTシャツを脱がせ、みんなの前でストはなぜ正しいのか言えと詰問し、それからも子どもたちがつけているスト支援バッジを外させたという。この教師はまた、「私たち」は七ポンドのシャツは買えず二ポンドのTシャツしか買えないのをわかっているのに、それからのTシャツ登校を禁じている（⑦65–66）。

また、ヨークシャーの一五歳の少年パム・マッキャンは、八五年二月はじめ、エドリントン（Edlington）・コンプリヘンシヴ・スクールでの出来事を次のように報告している。ある月曜の午後、たくさんの生徒が校門前で坑夫支援の学校ストをよびかけていた。もちろん彼も参加した。しかし、スト二日目で六名が退学処分（うち二名は後に通学許可）とされた。そして結局、学校の役員会は、なぜかパムをのぞく三名を正式に退学にしたのである（⑦72）。

このほかの学校でも、炭鉱の子どもたちの多くは、ストライキ中の父や母を深く尊敬していたとはいえ、ときに衣服や持物や行事予定に恵まれた友だちの会話に加われず、暗黙のうちに疎外される悲しみに耐え続けていた。学校は総じて、ムラ・コミュニティの外なる界隈であった。

女たちの変化　立ち上がる炭鉱ムラ・フェミニズム

ムラ・コミュニティの女たちの開発した相互扶助の営みは、とくに夏以降、貧窮からスト離れに誘われる潜在的な復職志願者を救うことにおいて、ストライキを持続させる最大の要因であった。

その営みの体験と、そこに噴出したエネルギーはそして、女たちの生活と意識のありようを確実に変えていった。生計を支えるパート労働のほか、妻か夫かどちらかが早く帰って幼児の面倒を見るというかたちでのピケへの参加、そしてなによりもフード・キッチンの運営や組合業務などで、女性の時間の余裕はなくなり、必然的に家事の伝統的な性別分担が崩れた。ムラで性や年齢の枠を超えた絆を再発見するとともに、これまで男が専有していた社会的な営みに加わることは、新しい自分を発見する大きな歓びだった。もう従来の家庭内の関係性に戻るのはいやだった。夫と家事を分担してピケにも参加してきたアームソープの坑夫の妻、四人の子をもつ三一歳のイレーネ・フレウェルは書いている。

ストライキは私を変えた。私の生活は大いに変わった。私はいつもお皿を洗うなどキッチン・シンクに縛られていたけれど、もうそんな日常には戻れないと思う。今はここかしこの出来事に巻きこまれたい。私の目は多くのことに開かれた。できれば福祉や社会問題にかかわる仕事もしたい。……すべての人が無視されず、しあわせで満足できる、そんな社会のありかたをみたいのです（②175）

同様にアームソープでピケにもキッチン活動にも身を投じてきた坑夫の妻で三人の子をもつ三九歳のクリスティーヌ・マホーニイも、「たとえ多くの男たちが……女の居場所は家庭だと言い募って生活スタイルの変化をいやがったとしても、私もなかまも、もう以前の古い生き方には戻らないだろう」と語っている（②177-178）。

ここにみるムラの女たちの変化は、例えばオックスフォードからストライキ支援に訪れた女性たちの、個人としての家族からの自立という志向性をふくみもつ都市型フェミニズムへの帰依とはいささか異なるだろう。それは家族や労組やコミュニティの絆を守るべきものとする思想の枠内にあるからだ。だが、炭鉱ムラに立ち上がった逞しい女性像は、強権にも性差別の慣習にも屈することを拒んで連帯の絆に生きる、いわばムラ・フェミニストだったということができる。その佇まいは、スタインベックの『怒りの葡萄』が描くトム・ジョード一家の母を彷彿とさせる。

苦難に遭遇した人びとの界隈に絶えることなく生き延びてきた、それはある種の庶民的フェミニズムであった。

第6章

第Ⅲ期の軌跡：一八四四年一一月〜一八五五年三月

1　一九八四年冬の苦境

復職促進ドライヴ（BWD）の本格化と引き続くバトル

一九八四年一一月から八五年三月初頭の敗北にいたるまでの炭鉱ストライキ第Ⅲ期は、およそふたつに小区分することができる。そのうち秋から年末までの二ヵ月は、それでもなお、基本的にはストライキがもちこたえた時期であった。

全国石炭公社（NCB）のマクレガーは「もうNUMとの間に会談の余地はない」と宣言し、戦線離脱のスト破りを募り就業させる復職促進ドライヴ（BWD）をいよいよ本格化させた。一一月二日、NCBは、全炭鉱労働者の家庭に配布される「石炭ニュース」のなかで、一一月一九日までの職場復帰者に六五〇ポンド（約二〇万円）のクリスマスボーナスを支払うと通告したのである。

坑夫家族の生活苦はつねに深刻であった。ここで、生活費問題に関心を寄せた内藤則邦（文献⑯）にしたがって、当初からの坑夫家族の貧窮についてまとめて検討しておこう。当時の為替レートで一ポンドは約三一〇円と想定されたい。

もともと当時の地上坑夫の平均稼得賃金は組合の賃金闘争の成果もあってブルーカラーとしては相対的に高く、一八四ポンド五〇ペンス（以下すべて週単位）であった。それに七二年以来、ストライキなどで生活が困窮すれば、無収入の妻は二一ポンド四五ペンスの生活保護（supplementary benefit）、子どもには一一歳以下で九ポンド一五ペンス、一六歳までは一六ポンド五〇ペンスの児童福祉手当を受給できる慣行であった。したがって仮に無給の妻と一一歳以下の子二人のいる世帯ならば、三九ポンド七五ペンスの収入はあるはずだった。

ところがリドレイ・プランの示すとおり、サッチャー政権は、この公的扶助を一五ポンド削減して、必要ならば組合自身が生計費を補えという「兵糧攻め」に出たのだ。一一月二一日には削減額が一六ポンドに引き上げられる（①77）。そして実際には、一日に一～二ポンド程度のピケ動員手当や、組合や行政からの時折の臨時物品供与（子どもの靴など）を別にすれば、一六ポンドの削減による生計費不足分を補償するほどの組合援助はなく、まして資産凍結以後はそれもまったく不可能になった。それゆえ、ストライキ坑夫家族は、上に想定した世帯構成では二四ポンド七五ペンス、邦貨にして約七六七〇円の収入しかなかったのである（⑯3）。

それゆえ、クリスマスボーナスの提案がもつ経済的誘因は無視できるものではなかった。けれども、「パンのみにて生くるにあらず」、彼らなりの「倫理コード」を内面化していたプライドの高い坑夫たちは、スカーギルのいうこの「贈賄」に容易に靡くことは少なく、復職の達成はＮＣ

Bの目標にはるかに遠かった。そこでNCBは募集期間を延期し、二三日には、三〇日までにBWDに応ずれば、さらに一五ポンドを上積みする。早く決心した者は支払われていない賃金や諸手当のバックペイをふくめると、無税の一一四〇ポンドを期待できると誘いをかけたのである。NCBの調べでは、一一月一〇日から一二月一五日の間にはさすがに一・六万人がBWDに応じた。一一月一九日には稼働なしの炭鉱は九三から四七に減少した（③211-212、⑤117-118）。スカーギルは、ボーナスをもらってなにかと重くなっている借金を返し、またストに戻ってくればいいと語ったという。

それでも坑夫たちの多くはなかまを裏切りたくなかった。すでに述べたように、闘争の拠点炭鉱では、スト破りはゼロまたは一桁の僅少であり、闘争主体の骨格は揺らがなかった。NCB調べにもとづいて文献⑤の示す、地域別にみた一一月一八日時点での⑴ストライキ坑夫と⑵就労坑夫の現勢をみよう。コークス作業者、炭鉱以外の労働者をのぞく狭義の坑夫をみれば、全地域で⑴は一三・五万人、⑵は四・七万人であった。そのうち一万人以上が働く炭鉱地帯をみれば、⑵が⑴を上まわるのは、ノッティンガムとミッドランズのみであり、ヨークシャー、南ウェールズ、スコットランド、北西地方、ダービーシャーでは、⑴が⑵をはるかに凌駕している。とくに⑴が五万四五〇〇人のヨークシャーでは⑵は一五〇〇人、⑴が二万一四一六人の南ウェールズでは⑵はわずか八四人にすぎない（⑤118）。⑴のなかにはおそらく、自覚的なスト参加者でない非就業坑夫も若干はいたことだろう。とはいえ、ストライキが八ヵ月以上を経過した時点でのこの揺らぎのなさはやはり注目に値しよう。しかし、それゆえにこそ、つよい結束力をもつ炭鉱でのわずかのスト破りの争奪をめぐる、第Ⅱ期に引き続く激しいバトルがなお絶えなかった。スト破りを守って入坑させようとする治安警察は、それを防ごうとするピケに過酷な実力行使を辞さなかった。

とくに中心地ヨークシャーの、わけてもスト入りの先駆であるコートンウッドでの一一月九日のバトルは凄惨であった。その日、警察は計略によってピケがまだ少数だった午前三時半に一七人（と噂される）復職希望者を入門させている。そして四時頃から、前日のスカーギルのよびかけに鼓舞されて集まった三〇〇〇人の坑夫は、排除しようと迫ってくるフルフェイスの防護カバー、楯、警棒で装備された一〇〇〇人の警官隊に対し、レンガ、ミルク瓶など「即席の武器」で応戦を試みた。ちなみに翌一〇日には「モロトフカクテル」とよばれる火炎瓶が警察のランドローバーに投げつけられたという。けれども、

次第に訓練され重装備の警察が有利になった。警察犬、馬、そして羊を追う牧場犬のようなバンの駆動が、ピケ隊を小さく扱いやすいグループに分断し、炭鉱から（彼らのムラ）ブランプトンの街路に追い込んでいった。……小学校の校長が八時一〇分に来校したとき、運動場は向かいのメ

ソジスト教会の壁から剥がしたレンガを坑夫たちが警官に投げつける砦と化していた。……最終的な記録では、一三人の警察官とピケ隊の何人もが重傷を負ったが、逮捕されたのは四人だけだった（③210）

ＮＵＭコートンウッド支部のミック・カーターが述べるように、少数のスト破りの入坑を強行せず、彼らを在宅させて賃金は払うという選択も、ＮＣＢには可能だったはずだと思われる。

ピケ・バイオレンスへの惰力

けれども、製鉄所、発電所、港湾など関連産業への遊撃ピケはもとより、個々の炭鉱でのマス・ピケも難しくなったこの時期、闘いの継続を決心していた坑夫たちの鬱屈と焦慮が、スト破りへの嘲りの惰力として、ときに彼らへの暴力行為にいたった事実もある。極端で例外的な事例ながら、そのふたつを紹介しよう。

その一。一一月三〇日、南ウェールズで、メルシー・ヴァル（Merthyr-Vale）炭鉱へ向かう復職者ひとりを乗せたタクシーの運転手デヴィッド・ウィルキーが、ふたりのスト派坑夫が陸橋から落としたコンクリートブロックに直撃されて即死した。ＮＵＭにとっても痛恨の出来事だった。当の坑夫たちは後の法廷で禁固二〇年の判決を受けている（③214）。

その二。一一月中旬、西ヨークシャーのエアーデル（Airedale）で、フライストン（Fryston）炭鉱の復職者マイケル・フレッチャーが、バットを持ったマスクの一隊に自宅で襲われて暴行で怪我を負わされ、家財を破壊された。身重の妻とふたりの幼い子は二階に隠れてマイケルの悲鳴を聞いていたという。フレッチャーはフライストンに就職して以来三度、解雇されるところを組合に救われ、スト破りになる二、三日前までフード・キッチンの食品パックを受けとってもいた。それだけに、ムラでは彼の裏切りはとりわけ許されざるものだったかもしれない。しかし、これが愚行であり、NUMにも弁明できない不当な暴力であったことは間違いない。

その余波は大きかった。入院したフレッチャーは一夜にしてNCBや政府の頻繁な慰問を受けるヒーローとなり、反ストライキ系マスメディアから讃えられる人気者になった。そればかりではない。警察はこの事件を奇貨として、大がかりなスト派のミリタント狩りに乗り出すことになる。「共同謀議」として五〇人が逮捕された。NUM支部（branch）書記のロイ・ライトが首謀者とみなされた。

刑務所での四週間の勾留と七週間のムラからの追放の後、ロイのケースは法廷で審議され、結局、有罪は立証されなかった。しかし、それは、警察が逮捕、告発、投獄を、ミリタントを意気阻喪させ一般坑夫を怯えさせる常套手段とする好例であった。活動家は、逮捕されて弁護士や家族との接触もなく、最長七二日間拘留されて、罪の自覚もないのに自白を強いられる苦痛をこうむった。あえてなんらかの自白をすれば自宅軟禁のかたちで保釈されるとはいえ、事由によってはＮＣＢに解雇される、そんな不安もまぬかれなかった（以上、③214、④193－194）。

孤立するＮＵＭ

一一月から一二月にかけて、政府任命の管財人によるアイルランドやルクセンブルグにあるＮＵＭ海外資産の差し押さえ（没収）は、ＮＵＭ側弁護士の手続き不備の指摘によってかならずしもスムーズには進まなかった。とはいえ、凍結は法的に有効であり、ＮＵＭはストライキ遂行のための資金活用を阻まれていた。

ＮＵＭはあらゆる活動資金の調達に不自由するようになった。ＮＵＭは支援組合の協力を得て、資産凍結に対する労働界の一致した抗議活動を展開するようイギリス労働組合会議（ＴＵＣ）に要請している。だが、ＴＵＣ総評議会（ＧＣ）は一二月七日、「法廷侮辱ゆえの科料支払いを助けるＮＵＭ支援はできない」と突き放した。ＴＵＣの各組合へのＧＣの提案は、一九七七年の「炭鉱計画が、市場と生産の見通しとともに雇用とコミュニティ（維持）の戦略をふくみもつよう書き換えられるまで、すべてのストライキ労働者は仕事に戻ること」であった（③230）。

明らかに、違法行為とピケ暴力に加担することのためらいが、いちおうは「全面支持」という九月のＴＵＣ会議の立場を後退させていた。その立場でＴＵＣはふたたび交渉斡旋に意欲を示したが、NUMがスト収束に反対したのはもとより、NCBのマクレガーも一二月一七日、TUCの和平交渉提案をはねつけている。収束能力を疑われてTUCは交渉をいったん断念する。

一二月一八日、ロンドン郊外ダゲナムのテキサコ石油配送所のふたりの運転手が、NUMのピケを超えることを拒否して停職処分とされた。それに抗議するストライキが思いがけず勃発し、それがキャンヴェイ島の精油所にまで広がった。鉄道員の労使紛争も各地の鉄道駅でなお絶えなかった。一二月一七日、レスターシャーはコーヴィルの炭鉱スト支援の信号手は、精神的不適応という理由で職務を外されたことに抗議して、石炭車を導く仕事を拒否した（①77）。だが、これらは例外である。炭鉱ストライキに次第に孤立の影が忍び寄っていたことは否定できない。

クリスマスの灯

この暗鬱な八四年の年末には、とはいえ、ひとつの明るい灯火もあった。各地のムラ・コミュニティが懸命に取り組み、国内外から広汎な支援が届けられた、子どもたちのためのクリスマス・パーティである。親たちは貧窮のなか健気に我慢を重ねている子どもたちに、せめていつものようなクリスマスを贈りたかったのだ。そのいくつかについて語りたい。

五章で述べたように、すでにキッチン活動で実績を重ねていたハットフィールド炭鉱では、ボブ・ヒュームの回想によれば、「労働者福祉組織」のキッチンが、早くも一〇月末に、二〇〇〇人の子どもたちに六箇所で一斉にクリスマス・パーティを開くと決めていた。一一月には、そのための資金集めのビュッフェ・ディスコやダーツ・トーナメントを開く一方、大々的な募金のキャンペーンをはじめた。直ちに拠金やおもちゃが各地から続々と寄せられた。当時キッチンは日に平均五〇〇人に食事を提供していたが、一一月末にはその繁忙にプレゼントの購入や包装の作業が加わり、女たちは午後九時まで働いた。そして一二月初旬のパーティ当日、すべての子どもたちが少なくとも一個のプレゼントを受け取り、心づくしの食事やゲームや催し物に興じた。親たちや来訪の支援者も交え、歓声と笑いが弾けた。また、坑夫の全世帯には一〇ポンド相当の特別食パックが贈られた。

経費は九〇〇〇ポンド以上だったが、そのすべては諸組合、地域の労組協議会（council）、全英規模の個人、そしてオーストラリア、ギリシャ、ドイツ、オランダ、フランスからの拠金でまかなわれた。ブラッドフォードの諸組合、公務員現業労組（ＮＵＰＥ）のキャムデン支部、リバプールとロンドンのタバコ労働者組合などは、サンタクロースの派遣、拠金と子どもたちへのもうひとつのプレゼントなど特別の支援を惜しまなかった（②132–134）。

「クリスマス」は、文献③の著者らも、「坑夫たち伝統の共同的な自恃」が「長期にわたり生活と連帯を維持する」「奇跡」をもたらしたと評価する営みだった。その文献によれば、例えばダーラムのダウドン（Dawdon）炭鉱では、女性支援グループ（ＷＳＧ）が、ビンゴ大会、くじ、スポンサーつきのファッションショーなどを通じて二〇〇〇ポンドを調達した。ピケ防止の任につく地方警察官も七〇ポンドのカンパを寄せた。パーティ当日には、五〇〇食の七面鳥のディナーが用意され、二七ポンドが大人のグラスワインのために取り分けられた。精いっぱいおしゃれした子どもたちがプレゼントを受けとったのはもちろんである。ここでのパーティの催しは、学校、妻たち、NUMスタッフにわかれ、統合されたイヴのディスコは福祉センターで行われている。

同じような風景が多くの炭鉱地帯にみられた。上の二例のほかにも、ムラ・コミュニティのクリスマスには、いくつかのエピソードが残されている。セント・ジョン炭鉱では、フランス労働組合からの一三万個（！）の美しいプレゼントの包みが届けられた。マエスタグ（Maesteg）炭鉱にはオーストラリアから一〇〇ポンドの拠金があって、子どもたちは一ポンドコインがプレゼントされた。「激戦地」コートンウッドでも、街頭のストライキ拠点のテント小屋「アラモ砦」にたむろする強面の闘士たちが、スト破りを嘲るまがまがしいワッペンを貼り付けたピケ・ハットを被るのを控えて華やかなツリーを飾り、道行くすべての人に「メリー・クリスマス」と挨拶したものである。シアブルーク（Shirebrook）のキャンペーン組織者、ローザ・テナントは、パーティの直前まで北ロンドンの街頭でカンパをよびかけ、サンタクロースとともに七〇〇ポンドを携え、故郷に急ぎ帰ったという（③232–234）。

また南ウェールズのマーディ（Maerdy）炭鉱では、女性支援グループ（ＷＳＧ）がかねてから、毎週、食糧パックの配分の会合を開いていたが、一〇月はじめには、クリスマスのためにスウィーツとおもちゃの工場のショップ・スチュワードと折衝し、その協力のもとに野外パーティ、クッキーセールス、スポンサーつきマラソン大会などを企画し、次週から独自の拠金集めをはじめている。拠金は、しかし、みんながひとしく困窮しているムラではどうしても成果がはかばかしくなかった。そこで彼女らはバーミンガム、オックスフォード大学など各地に赴き、「緊張に震えながら」これまで未経験の支援アッピールを試みた、成果は大きかった。例えばロンドンの消防夫たちの心寄せは、バンいっぱいの食糧とおもちゃであった（④181–182）。

クリスマスが近づくにつれて、多くの町や都市の支援者の流れが炭鉱地帯を訪れ、坑夫家族にディーセントなクリスマスを享受させるべく何百何千ポンドをもたらした。それが子どもたちのパーティ、七面鳥、食糧パック、各種のプレゼントを可能にした。かつての産業内闘争ではみられなかった圧倒的な支援の展開だった。……それは多くの炭鉱コミュニティに新しい精神を吹き込んだ。寒く、ひもじい、孤立したクリスマスという悪夢は、連帯と贈物の潮に一掃された。炭鉱の多くの家族たちは、ストさなかのクリスマスがこれまで最高のものだったと語る（④196）

著者たちの熱い思い入れがうかがわれるけれど、これはいささか美しすぎる描写かもしれない。けれども、炭鉱地帯八四年のクリスマスに弾けた貧しい子どもたちの歓声と笑いが、この長く困難な闘いのなかの最後の光芒だったこと、それがサッチャーの「内部の敵」言説を疑わしくさせる、イギリスの庶民の連帯の伝承になったことは本当であろう。

2　一九八五年冬、耐えうる限界の果てに

暗鬱な新年

クリスマスの灯も消えた一九八五年新春、一〇ヵ月を経たストライキは極度に困難な環境に追い込まれていた。

資産凍結による財政圧迫のために、NUMは、組合員への生計援助も、日に一～二ポンドのピケの動員手当も、ガソリン代も、ピケ隊を運ぶバンの調達費もまかなえなくなった。他職場・他産業への遊撃ピケはもとより、その基地になる炭鉱でのマス・ピケもほとんどできなくなった。シルバーウッド（Silverwood）などいくつかの炭鉱をのぞけば、例えばかのコートンウッド炭鉱でも、すでに警察に守られた復職者がトラブルなく入門できるようになった。ここで最後のマス・

ピケが行われたのは一月二九日のことである（①60、④200）。

二月一二日、高等法院（HC）は、ヨークシャーの一一炭鉱のストライキとマス・ピケをあらためて非合法と裁定し差止めを命令した。そしてエリアNUMリーダーははじめてその命令に従うことを余儀なくされ、「ピケは六人まで」のルールを受け入れる。それはマス・ピケの終焉の指標であった（④215）。

このストライキにおけるNUM側の敗北の理由のひとつは、政府および産業界と一般国民にとっては確かに望ましいことではあったけれど、厳冬期に電力危機が生じなかったことであった。ここにふりかえっておきたい。そこにはいくつかの要因が重なっている。例えばノッティンガム、ミッドランドなどでの採炭の継続、あらかじめ発電所に用意されていた膨大な石炭ストック、石油燃焼発電の効率化、原子力発電を利用できる安全運転プログラムの開発、即応性と輸送量において鉄道を凌駕する道路輸送産業・トラック労働者の成功的な活用などである（③217）。

それにすでに述べたように、電力関係労働組合や一般組合の組合員をふくむ発電所の従業員が、NUMのピケラインを超える場合が多かったことも忘れてはならない。イギリスの発電所のエネルギー源としては石油と原子力の比率が徐々に高まっていたとはいえ、なお当時は、五〇％は石炭に依存していた。それゆえ、ノッティンガム炭田などでの採炭維持の役割は、電力危機の回避に大きな役割を果たしたといえよう。思えばストライキ初期にNUMの遊撃ピケがノッティンガムの諸炭鉱に集中した理由も、拠点ヨークシャーに近接していたという地理的便宜のゆえばかりではなかったのである。

復職者の激増

一方、クリスマスボーナス以降もなお水の漏れるような程度であった復職者・スト破りも、新年になって確実に増えていた。ＮＣＢ調べによれば、八五年一月四日〜二五日までに、それは九二三一人を数える（⑤133）。一日に最大の復職者があった「ブラックマンディ」を皮切りに、ＮＣＢの復職ドライヴの「ドミノ戦略」は加速度を高めた。些細なことながら象徴的にも、年初、チェスターフィールド（Chesterfield）のフットボール・クラブは、それまでのストライキの坑夫への入場料割引き（二ポンド→一・二ポンド）を停止した。ここ北ダービーシャーでは半数以上が仕事に戻ったからである（③234）。

復職者の比率は地域ごとに大きく異なっていた。拠点エリアではいまだストライキの持続力は強靱であった。八四年末、南ウェールズではなお二九坑のうち二一坑ではひとりの復職者もなかったという（③234）。一ヵ月後、二月六日のフィナンシャル・タイムズ紙によれば、南ウェールズやケントではなお「ほとんど一〇〇％堅固」だった。例えばヨークシャーでは約五万人中六二七二人が脱落したが、中心地バーンズレイやドンカスター近郊の各炭鉱ではスト破りはそれぞれ二〜一〇人にすぎなかった。ダーラム・エリアでも、復職者はイージントン（Easinton）で二一六九人中六一人、ムートン（Murton）で一五〇二人中一一〇人、比較的多いエプレットン（Eppleton）でも八六四人中一八〇人であった。

結局、ストライキ収束直前の二月二五日、ＢＷＤに応じた坑夫は累計七・八万人（ＮＵＭ発表）から九・一万人（ＮＣＢ発表）だったとされている（④216）。本来、統一的な指令なきエリア・炭鉱・坑口ごとのスト入りのゆえに、正確な数は把握しがたいが、断片的な資料を集めれば、結局、最後までストライキを貫いた労働者はほぼ七・四万〜八・七万人だったと思われる。

貧困の諸相

ストライキの力と効果は明らかに弱まったとはいえ、坑夫とその家族の抵抗の倫理コードと意欲は、この段階にいたってもなお基本的に衰えることなく、信じがたいほど持続していた。だが、最後にはやはりきわまった貧困がその耐久性に限界を画したということができる。ついには胃の腑の問題であった。

個々の世帯の貧窮の度合いはむろん、多くはパート就労の妻の収入、不要品の販売、老親の年金からの援助、他の職業で働く息子や娘の差入れ、地方自治体の施策、そしてすでに紹介したような諸階層から地域のキッチン活動への支援を通じての拠金の程度などによって実にさまざまであった。けれども、すでに紹介した貧窮の大枠は動かない。文献②にみるアームソープ（Armthorpe）の人びとへのヒアリング（八四年一二月）記録などによって、いくつかの具体像を紹介しよう。

ピケに加わりフード・キッチン運営のメンバーでもある、三九歳のクリティーヌ・マホーニーは語る――ムラの絆はつよくみんなで助けあっているけれど、貧困は厳しい。石炭も衣服も靴も買えない。飼い犬の餌も半分にした。私は子どもが学校へトレーナーで通学していいか尋ねる手紙を書いた。許可はもらった。しかし一二月までには靴はそろえねばならない。ストの始まった頃、むろん子どもたちには新しい靴があったが、もうはきつぶしていたからだ。クリスマスのあとやっとそれが買えるまで、子どもは通学できなかった（②178）。

坑夫の妻であり祖母でもある別の女性は語る――あらゆるものを諦めねばならなかった。私たちは飢餓線上にあった。週に七・三三ポンドの収入。ガレージの借料として役所に一・三三ポンド、水道代に五〇ペンス、光熱費に二・五～三ポンドを払わなければならない。これで生活できるのか？　パンとマーガリンだけの食事だった。先週、私は福祉センターを訪れた。それまではプライドが高くてここへ来られず、家で三日間、なにも食べず水だけでじっとしていたのだ。私は（センターで）やっと老いた友人を得て、ずいぶんお世話になった。彼女は半ポンドのレバー、一カートンのミルク、四分の一パウンドの紅茶を毎週、そしてときおりパンの塊を買ってくれた。それなくしては私は飢え死にしていただろう。

私の姪は、病気で老いた私が自殺するのではないかと心配して訪れては話し込み、食品や燃料をもってきてくれた。親族もなにかと配慮してくれた。しかしいちばん良い記憶は、福祉センターを訪れ、多くの女性たちや子どもたちと知り合いになったことだ。私は家に籠もってくよくよ心配しながら時間を過ごすことをやめ、みんなと一緒に福祉センターで食糧パック、単身の若者のための豆やスパゲッティの缶、四個の卵、ハムの塊などをつめたパックをつくるのを手伝うようになった。多くの女たちと同じく私は変わった。性と世代を超えたこのような協同の経験をしたからには、かつての性別分業への回帰はもう難しいだろう（②184-185）。

坑夫の妻でミリタントのアグネス・カーリーの場合。スト以前は九〇ポンドの収入があったが、今は、営んでいた衣服店も立ちゆかなくなって、ここ三週間の収入は二七ポンド。姉の援助もあってどうにか暮らしている。銀行のローンも払わなければならない。肉も新しい服も買えない。子どももセコハンの靴で外出する。しかし家族はみんなわかっていてすべてOKだ。私たちは多くを犠牲にしたが、お互いの敬意は犠牲にしていない。家族や隣人はみんな持てるものを分け合っている（②186）。

ふたりの子をもつ三〇歳の坑夫の妻はこう語る——坑夫ではない隣人ふたりの差入れと年金生活者の祖父母に助けられている。収入は四一ポンド。三ポンドの電気代、住宅ローンなどを支払わねばならない。スト中、夫と私は新しい服を買えなかった。しかしソーセージ、ミンチ肉、豚の胃などはどうしても必要なので、子どもたちにビスケットやケーキやスウィーツを買ってあげることはできない。義母からはキャベツなどの野菜、子どもへの一〇ペンスのおやつ代がよく届けられた。

もっともつらいのはこの厳しい冬の暖房がないことだ。電気代の節約が第一なのでヒーターは使わずに厚着する。一八ヶ月の赤ん坊は私たちのベッドで一緒に寝かせる。風呂はといえば祖父母の家のバスを借りる。そのほか、もちろん休日の行楽や、恒例だった家族の誕生日、記念日のパーティやプレゼントはすべて控えた。それでも、日曜日には母の家でおいしいディナーを楽しむことはできた。その母は、警官がムラに侵入したときには、抵抗する人びとに加わって抗議の声をあげたものだ（②192–193）。

やはり八四年一二月段階での子どもたちの証言もある。ヨークシャーのチェリル・ブルック（一六歳）によれば、「今年は休暇旅行も行けず、電気代の節約のためにテレビも自由にみられないので、親子の間、父と母の間で口げんかがしばしば起こりました。そんなとき母や僕はつい、父は仕事に戻るべきだと口走ったりしますが、すぐにスト破りはすべきでないとわかって和解します。その父は、仕事に行く母の代わりに家の内外のことをやってくれるようになりました」（⑦97–98）。

また、ヨークシャーのジョアンヌ・グリーン（一三歳）はこう綴る――食べるものはすごく変わりました。いくつかの請求書の支払いをすると五ポンドしか手元に残りません。ふだんはスープ、ベークドビーンズをトーストに乗せたものなど、それに缶詰類を食べています。ステーキやフレンチ・ポテトなどはとんでもない！　私は平日は学校で無料の給食なのですが、父と母は近くの「協同配給所」（フード・キッチン）へ食事に行きます。服は、スト以来、新しいのを買ったことがありません。けれど前に坑夫だった祖父母がイースターにジーンズを二着も買ってくれました。九月、私たちはドンカスターの「失業者福祉事務所」に手紙を出して、学校用の服を二着（制服のスカートとカーディガン）もらいました。七月には、市から靴一足分の一〇ポンドの金券も受けとりました。その靴はもうはきつぶしたのに、新しく買う余裕はなかったので、組合に頼んで買ってもらいました。でも、この靴ももうよれよれになりました……。

ちなみに、この家族の父は保釈中で活動禁止なのだが、相変わらずピケに行く。母はといえば、スト破りを防ぐ遊撃ピケに参加し、逮捕され「有罪」であったが、罰金なしだったという。ふたりは、ある日スト破りを運ぶバスに、警察が人数が多いと見せかけるために段ボールの人型を貼っていたことを大笑いする、そんな両親だった（⑦104-106）。

助け合いのかたち

ケースによって多様性こそあれ、厳冬のなかのストライキ坑夫の家族は、このように、すでに別居している祖父母や兄弟・姉妹、フード・キッチン、革新自治体や組合からの援助を受けながらも、可処分所得が絶対的に乏しい深刻な貧困に耐えていた。この体験を通じて、家族間、ムラ・コミュニティの人びとの絆が強められ、そのかけがえのなさが再確認されていることが印象的である。そしてまた、フード・キッチンの財源ひとつをみても、貧困の坑夫たち家族への支援には、親戚やムラに留まらず、イギリス全土からの拠金や食糧供与もその一翼を担っていた。例えば多くの貧困事例の話題である子どもの靴にしても、次のようなエピソードが残されている。機械産業労組（AUEW）の支援者、アラン・ワッツによれば、ロンドンの支援集会で、ヨークシャーのベントリーの炭鉱で一人の子どもに靴がないと訴えたところ、たちまち四〇足の靴が届けられたという（①41）。

深刻化した貧困に耐えさせる相互扶助がこの時期のストライキの継続に大きな役割を果たしたことは、あらためていうまでもない。南ヨークシャーのシルバーウッド（Silverwood）炭鉱にその典型例をみることができる。一人の組合員の報告を紹介しよう。

ストライキをしていない人、とても厳しい財政状態にある人が組合（支部）に助けを求めに来るのははばかられるようだった。だが、ＮＣＢが崩したいと狙うのはそんな坑夫たちなのだ。そこで私たちは、ムラをまわり、誰でも、なんであれ問題を抱えている人は組合に連絡してほしいと訴えた。効果があった。訪れたひとりの坑夫のことだが、彼はセントラル・ガス暖房器があるのにガスをとめられていて、三人の子どもがいる。考えてもみよ、この気候で、暖房も、熱いお湯も、温かい食物もない、三人の子らとの暮らしを。相談のあと、私は組合支部の会計係に連絡した。彼はシェフィールドのＮＡＬＧＯ（全国・地方行政職員組合、のちＵＮＩＳＯＮに合同）と折衝した。二日の内にガスが戻った。そしていま、この若者は、四時半まで私たちとともにピケのなかにいる（①64–65、④204–205）

ガス公社ではなく、実務を担当する公務員の労働組合にコンタクトすれば、なぜガス供給が再開されるのだろうか。日本の常識に照らせば不思議でさえある。ともあれ、以上に述べた八四年一二月段階での貧窮は、八五年の厳冬期には、もう耐えうる限界にあった。

団体交渉の帰結

では、ＮＵＭとＮＣＢの中央レベルの団体交渉は、この時期、どのような経緯を辿っただろうか。結論的にいえば、それはやはり難航し、結局、坑夫たちが承認できる妥結をもたらすことはできなかった。

一月下旬、TUCのノーマン・ウィリス書記長、NUMの執行委員P・ピースフィルド、NCBのハト派役員マイケル・イートンおよびネッド・スミスらの間で、いくつかの非公式折衝が交錯して行われていた。それらにおけるおおよその合意、すなわち「非経済的炭鉱の一方的な閉鎖」ではなく「生産コスト、雇用、コミュニティの維持も考慮されるべきだ」という了解にもとづいて、NUMも新たな交渉に入ることを決議する。

だが、NCBは、職場復帰者の増加を背景に、あらゆる譲歩なしの終結を目指していた。サッチャーの「非経済的な炭鉱は無条件に閉鎖する」という強行路線も揺るぎなかった。そのうえNCBのマクレガーは、解雇者の再雇用はありえないと言明してもいた。一月二九日、予備交渉は議題を確定できぬまま決裂してしまう。二月一日、サッチャーは、非経済的な炭鉱の閉鎖とNCBの最終経営権の確保についてNUMが同意するという文書を、今後の交渉の大前提にせよと表明する。これには全国炭鉱保安・監督者労働組合（NACODS）も、一〇月協約違反であるとして強く反発し、その後の会談に加わることになる（⑤127-128）。

こうして団体交渉は二月の最終局面に入る。事態を座視できずふたたび乗り出したTUCのN・ウィリスの懸命の折衝の結果、NCBは二月一三日、NUMとNACODSに対して最終案を提示する。その主内容は、望ましい操業の継続をもって石炭を供給できないほど資源が枯渇した炭鉱は閉鎖される、労使間で合意される炭鉱調査の手続きの結果がどうであれ、NCBが閉鎖について最終的な決定権をもつ――であった。NUMは直ちにこの最終案を拒否したが、NACODSは、TUCとともになお共同決定のわずかな可能性を探る立場だった。二月一九日、TUC幹部は、はじめてサッチャーおよびエネルギー大臣と会談する。

TUCは、穏健ながら労働界のリーダーとしての良心を吐露して、NCBによる炭鉱閉鎖の最終決定権をあらかじめ設定するのは、およそ労働組合の長年の権利である協議権の否定になると説得した。しかしサッチャーは、ソフトな対応ではあったが、どこまでも曖昧さを残さずにNCBの最終決定権を明文化する立場を譲らなかった。労働組合は執拗かつ実質的に経営権蚕食をはかってくるだろうと、彼女は警戒をおこたらなかったのだ。それはまさに「階級的警戒心」であった。

しかしながら、なお妥結を望むエネルギー相ピーター・ウォーカーの働きかけもあって、その翌日、NCBはさらに「最終案」に、閉鎖について労使間に争いがある場合には、期限付きで独立検討機関で協定に達するように努力する――という修正をつけ加える。しかし結局、炭鉱閉鎖に関するNCBの最終決定権の明記は変わらなかった。組合側は、文言上は最終決定権を承認しつつも、調査機関の運用などにおいて、労使間の共同決定の慣行にもとづいて経営の最終決定権を実質的にチェックしようとしたかにみえる。

だが、産業民主主義の原則は手放さない上でのマヌーバー的抵抗は、やはり実らなかったのだ。中央の団体交渉はここまでであった。二月二一日、NUM特別代議員大会は、TUC仲介のNCB最終（修正）提案を拒否し、全会一致でストライキ継続を決議したのである（④238–242、⑤128–132）。

「協定なきストライキ収束」論の台頭

そのころ、NUMの内部にも、どこまでもストライキとピケを貫こうとするスカーギルの指導に対するスト派内部からの批判が台頭していた。

八五年一月はじめから、南ウェールズの地区組合の理論家、「柔軟な左派」キム・ハウエルは、マス・ピケよりはもっと広い支援体制を構築しようとする立場からスカーギル指導に異議を表明していた。この彼の見解は、紆余曲折を経ながらも、南ウェールズNUMのリーダーや坑夫たちの間に広がっていったようである。そして一月末には、中央交渉の難航と復職者の加速度的な増加という状況のなかで、行き着くところ、このエリアNUMはついに、「協定なきスト収束」(going back without an agreement) 論を提起するにいたる。

いわば無条件降伏にもみえるこの提起は、しかし、それなりの労働者の思いが込められていた。この決断は、もちろんスト破りの流れを止める、保守政権が譲らない内容での協定に署名する屈辱を拒む、これからも炭鉱ごとのゲリラ戦で闘いを続けることができる、というのである。復職後に職場で、例えば解雇撤回や職場ルール構築のゲリラ戦を展開する可能性は不確かではあったが、それは確かに、諦めて屈服する選択ではなかった。守るべきは連帯であった。「みんなでストに入った、みんなで仕事に戻ろう、威厳をもって」と、南ウェールズNUMの委員長エメリーン・ウィリアムズはよびかけている。

南ウェールズは、脱落者のほとんどない堅い絆を誇るエリアであった。しかし行動は慎重で、マス・ピケ、遊撃ピケはあまりなく、したがって警察の実力行使はほどほどであり、したがってまた、解雇の犠牲者も少なかった。こうした静かな結束の自治は、スコットランドやヨークシャーなど解雇者の多い炭鉱をふくむNUM全体の労働者の苦闘に相対的に無関心であるというそしりをときに受けもしたけれど、一方、南ウェールズなればこその堅い連帯は、提案を受けた他地域のリーダーにも一定の重みある説得力をもったかにみえる。

こうして「協定なきスト収束」論は、多くのNUM各エリアに浸透していった。二月二六日、終始ミリタントであったダーラムのイージントン（Easington）炭鉱の支部（lodge）委員会は、次のように決議している——協定なき復職を承認する、ただし、残業制限の継続、刺激賃金制の廃止、犠牲になった解雇者のための組織的な賦課（拠金）の実施という条件で（以上③235、④207、212-217）。それはストライキ後の職場のユニオニズムのありかを明示する、ひとつの説得的なスタンスであると評価できよう。

なお屈せざる行動

このように「協定なきスト収束論」が台頭する一方、すでに述べたように、高等法院の二・一二裁定へのNUMの受け入れによってマス・ピケは終焉を迎えていた。にもかかわらず、ヨークシャーの拠点炭鉱ではなお、一般組合員による非公式のピケッティングの試みが絶えなかった。フリックレイ（Frickley）、アームソープなどでは、この時期にも、五〇〇～一〇〇〇人規模のピケやデモが展開されている。わけても女たちは不服従だった。ヨークシャー・メインではピケの六人規制を顧みず、二月二一日、彼女らは警官隊と激突した。エドリントン（Edlington）の坑夫の妻シルヴィア・アロウスミスはこう言い放っている。

男たちが差止令でピケができず、しようとしないなら女たちがなすべきことをする番よ。私たちはNUM組合員じゃないのだから、法廷は私たちになにも手出しできないはずよ（④215）

ストライキの最終段階では全英規模の支援イヴェントもあった。二月二四日、ロンドンのトラファルガー広場でスカーギルも加わる、警察発表で一・五万人の抗議集会が開かれている。首相官邸の門口も通るホワイトホール周辺のデモ行進は、動員された多数の警官と衝突し、一一二名が逮捕された。ヨークシャーから加わった七歳のキアスティ・ランキンは、デモの途上、バケツをもってカンパを集めたが、警官から一八歳以下の人が募金活動するのは違法だよと叱られている。また一三歳の少年マーク・ポッツは、デモのあといくつかの支援組合のアピールを聴いて勇気づけられ、そのあとキャムデン・タウンホールで温かい食事を供された感謝を綴った（①77、⑰25、⑦62–63）。

ロンドンの庶民街キャムデンといえば、その一一週間前の一二月一〇日、この界隈のエレクトリック・ボールルームで、「炭鉱とヘンタイ（Pits and Perverts）」と銘打つ炭鉱スト支援の画期的なチャリティ・コンサートがあった。当時の人気バンド、ブロンスキ・ビートが主な出演ミュージシャンであったが、企画・主催者は、マーク・アシュトンを中心とするロンドンのレスビアン&ゲイ・グループである。マークらは、八四年六月以来、警察の暴行を受けている炭坑夫は、つねに差別され「ヘンタイ」とよばれるわれら性的少数者と同じだと突然に気づき、彼らの「虹のプライド・マーチ」の途上で、また街頭でNUM支援の募金活動を行っていた。彼らはウェールズのデュライス（Durais）炭鉱町を訪れて、はじめは彼らを煙たがった坑夫たちや女たちとの心の交流を深め、あわせて二万ポンド、起死回生をはかる一二月コンサートだけでも五六五〇ポンドのカンパを寄せたのである。

後日譚もある。八五年五月、ロンドンでの恒例の「虹のパレード」ではマークらのグループは少数で気勢が上がらなかったが、そこへ思いがけずデュライス炭鉱の人びとがバスを連ねてやって来たのだ。炭坑夫とゲイ・レスビアンが手を携えてウェストミンスター橋をデモ行進する。それが「事実にもとづき」すべて実名でこのプロセスを描く映画『パレードへようこそ』（二〇一四年）の美しいエンディングである。そのクレジットによれば、労働党はこの年、性的少数者への差別を禁じる決議を採択する。そのプロモーターは労働党内でなお大きな票数をもつNUMであった（⑲参照）。

この項の記述は断片的ながら、サッチャーのスピーチや保守系メディアの批判的論調にもかかわらず、炭鉱労働者のストライキは、ほぼ一年を経てもなお、坑夫の家族はもとより、一定比率のイギリス市民、ひいては性的少数者にも支援される、ひとつの社会的労働運動になっていたことをうかがわせる。

ストライキ終結の決定

とはいえ、二月一二日、NUMが闘争継続を決議して以来、やはり明日の展望をもてなかった坑夫たちの復職の流れは加速度を増していた。二月二七日、NCBの発表では復職者はついに過半数、五〇・七五％に達する（③249）。

その前日の二月二六日、何世代にもわたる強靱な連帯のシンボル的拠点であったロンダ渓谷に残る最後の炭鉱、マーディ（Maerdy）では、七〇〇人のストライカーのうち六〇〇人もが参加する集会が開かれた。その場で三六歳の支部長アルフォン・エヴァンスは、すぐに全国的に共感を呼び起こしたスピーチを行っている――もうはっきりしている。サッチャーにわれわれが署名できるような妥結を用意する気はない。NUMがつぶされるのを防ぐ最良の道は秩序だった復職なのだ……。「名誉ある平和を求め、頭《こうべ》を上げてまたの日の闘いに生きる」という意味を込めて「みんなで仕事に戻ろう」という多くの坑夫たちの帰着した思い（③247）を、それはおそらく代弁するものであった。

翌日、NUM執行委員会は八時間にわたって当面の方針を討議した。その間、ひそかに前年一〇月の「炭鉱閉鎖について精査・協議する」という、NACODSの八四年一〇月協約の線で妥結する意向を打診したが、勝ち誇ったNCBはこれもにべもなく突っぱねた。NUM中執は、最後の決定を三月三日の再度の代表者会議に委ねることにした。

南ウェールズ、ダーラム、ランカシャーなどのNUMは相次いで「協定なきスト収束」を決定した。また、一月以来いくつかの炭鉱で解雇者撤回を求める一〇〇〇人規模のピケをくりかえしていたスコットランドNUMは、解雇者の救済をスト収束の条件として、同様の決議をした。ヨークシャーはといえば、各レベルでスト継続論と収束論が激しく争ったが、その結末は、支部代議員大会における五七一対五六一の僅差でのスト継続の決定であった。

三月三日、終始一貫してミリタントであったケントの組合員らはTUC会議室の周辺を取りまいて妥協せずの声をあげ続けた。だが、事実上の大会であるNUM代表者会議は、協定なきスト収束という南ウェールズの提案を九八対九一で決定したのである。マクレガーが約束を拒んだ解雇撤回も、ついに妥結の「条件」とならず、今後の譲歩の交渉に委ねられた。会場周辺のNO VICTIMISATION!（解雇の犠牲を許すな！）の横断幕が空しくはためいていた。約五一週間もちこたえた炭鉱ストライキは、NUMの正式の決定として、こうしてついに幕を閉じたのである（④217–219）。

仕事に戻るマーチ（Back to Work March）

約二万七〇〇〇人の不服従の坑夫はなおストライキを続けてはいた。けれども、三月はじめから、各炭鉱では、組合旗、ときには炭鉱文化のひとつであるブラスバンドを先頭にして仕事に戻るマーチ（Back to Work March）が行われた。

アームソープ炭鉱の大規模なマーチは三月八日だった。フリックレイ（Frickley）では、三月一〇日、二〇〇〇人が居住する町から炭鉱に行進した。リーダーのキース・プロヴァーブは、「隊列を指揮するのは誇らしかったが、感情は昂ぶった。沿道では女たちや子どもたちが頬に涙を伝わらせて拍手していた」と、ロンドンの公務員現業労組（NUPE）組合員アラン・ロウとの往復書簡に記した（②148）。

ウェールズのマーディ炭鉱では七五三人が、横断幕、組合旗を掲げ、ブラスバンドを先頭に行進した。頭《こうべ》をあげ威厳を示す整然たる群像だった。くりかえすけれども、ここではストが始まって以来、一人の脱落者もなかった。その名誉ある敗北の映像はマスメディアを通じて広く全英に流布された（③253）。

南ヨークシャーの警察副署長として、オーグリーヴの激突でピケの鎮圧に辣腕をふるったトニー・クレメントはテレビで各地のマーチをみてこう述懐している――ヨークシャーの修羅場でも、バトルの日に終日、本当に身体を張って闘っていたのはせいぜい四〇〇〇人の坑夫だった。しかし今、最後までストの戦列を離れず、苦い結末を迎えるほかなかった全英の坑夫四・一万人もが、整然と職場に戻る姿にふれて、「はじめてそこに関わっていた人びとの真の大きさ（magnitude）がわかった。もしあのような勢力がピケの現場にいたならば、私たちにはどうすることもできなかっただろう」（③255–256）。

南ヨークシャーのブルークハウス（Brookhouse）では、ストライキ坑夫の母アイリス・プレストンが、この地の復職マーチに加わっていた。一年にわたる彼女の体験の記憶が、おそらくフィルムを巻き戻すように甦ったことだろう。八四年三月六日、彼女の息子は当然のようにストライキに入った。社会の出来事に無関心だったアイリスの心は、どうなることかと心配に揺れた。しかし、息子に教えられてなにが起こりつつあるかの認識に目覚めた彼女は、きっぱりと、パート仕事半分・スト参加半分の生活に入る。オラートンなどノッティンガムへの遊撃ピケに参加しようとして、なんども警察の執拗な検問、身元調べや持物チェックを受けた。「通行禁止の警告を見なかったのか。お前はめくらか」と罵倒された。若者が四人の警官に警棒で殴られるのも目撃した。孤立するノッティンガムのスト派家族への食品や日用品の差入れ資金のため、不要な衣服や装身具を処分した。ピケ参加の危険性を息子に指摘されると、スト破りの潜在的な可能性をもつ苦境の隣人への訪問や相談活動に携わった。グライムソープの女性行動グループ（WAG）を訪れて学び、私（アイリス）たちが立ち上げた「シェフィールド・女性グループ」が行ったことは、生活物資の援助、食品や衣類の供与、一七の炭鉱へのピケ参加などだ。アイルランドまでもふくむ各地を訪れて、状況を訴え、拠金を募る小旅行を重ね、はじめてのスピーチもした……。

そして八五年三月三日。私（アイリス）は闘争継続を望んだけれど、生活苦の深まり、逮捕者の続出、警官の残酷な仕打ちに、多くのなかまはこれ以上は耐えきれなかったのだろう。連帯の意味を忘れなかった二六歳の息子は、なお貧困に耐えすっくと立っているが、やはりそれはわれわれの歴史に残る悲しい日だった。ブルークハウスの復職マーチは三月五日。四〇〇人の坑夫と妻たちがNUMと女性支援グループの旗を掲げて歩む。鉛のような心だった。息子は涙ぐんでいた。息子は、私（アイリス）を誇りに思う、最高のママ！　とハグしてくれたけど、私のほうこそ彼にそう言いたかったのだ（②100-117）。

第7章　その後の憂鬱な経過

1　労使関係論からみた総括

弾圧の傷跡　数値的確認

「護るべきものを護る」坑夫たちとその家族の連帯の闘いについに限界を画したのは、もういちどいえば、直接的には全国炭鉱労働組合（NUM）の資産凍結・「兵糧攻め」による坑夫家族の貧困の極まりと、イギリス労働史ではまれにみる「警棒と手錠」の弾圧（松村高夫）であった。

一年間の刑法弾圧をスト終結時点で総括すれば、警察発表にもとづく資料の報告するところ、逮捕者は九八〇八人（イングランドとウェールズ）、起訴者は七九一七人、起訴件数は一万三七二件になる。無罪釈放は一八九一人、免訴は一三三五人、判決待ちは八一九人である。主な起訴理由としては、騒乱罪四一〇七、警察官に対する公務執行妨害一六八二、刑事損傷一〇一九。このあと、三〇〇件以上の「罪状」では、高速道路妨害、違法集会、身体傷害暴行、警察官暴行、窃盗……が続く。以上のほか「暴力とサボタージュ」により解雇された坑夫は六八二人である（⑰27、⑤137–138）。なお他の資料では、争議後も二〇〇人が入獄中という（①6）。

「逮捕」にはおそらく、違法ピケを「ひるませる」恫喝や懲罰や譴責の意味をもつ「一時拘留」

もふくまれるだろう。しかしほどなく釈放されても、その釈放はそれまでのピケなどへの参加禁止といった条件がつけられるゆえに、拘留体験はそれなりに活動家の行動を制約する。ともあれ、上の記録は、オーグリーヴなどに代表される坑夫たちの身を賭した抵抗の「ピケ・バイオレンス」の数々を回想させる。本来は避けられるべきだったこのピケ・バイオレンスという事実の直視を私たちは避けてはならないだろう。ただ、ここで次の二点には注意を促したい。

そのひとつは、ピケ・バイオレンスはたいてい、ピケの坑夫たち、そして「市民警備監視団」がくりかえし指摘したように、それまでのイギリスではみられなかったほどの治安警察の過剰な取締まり、いわゆるポリス・バイオレンスへの反作用にほかならなかったことである。

そしていまひとつ。例えば戦後日本の大争議などにおける第一組合と第二組合の確執を想起してみよう。私がある驚きをもって瞠目するのは、この炭鉱ストライキでの暴力の応酬はすべて労働者と警察権力の間のそれであって、労働者間での激突ではなかったことである。坑夫の暴力は、あれほどの侮蔑と嘲りの対象であったスト破り・復職者に対しては、エアーデルでの襲撃という例外的な一件をのぞけば、行使されなかった。イギリスの労働組合運動における労働者としての連帯の気風と、一見して相反するような個人の生きざまに対する究極の尊重という、ひとすじの底流をここにうかがうことができる。

炭鉱閉鎖と解雇撤回要求のゆくえ

一九八五年三月一〇日、全国石炭公社（ＮＣＢ）会長のイアン・マクレガーは、サンデー・テレグラムのインタビューで「人びとは今や不服従と反乱の代価に気づきつつある。われわれはやつらにその報いをわからせてやるつもりだ」と勝ち誇って語った。そんなタカ派経営者との間に展開されるそれからの炭鉱労使関係は、屈せざる心で撤退した坑夫たちにとって、やはり暗鬱このうえないものだった。以下、「ストライキ後」の状況をくわしく分析する日本での唯一の文献、早川征一郎の研究⑤にもっぱら依拠して検討を進めよう。

まず問題の焦点であった炭鉱閉鎖はやはりドラスティックに進められた。八五年には、南ヨークシャーのヨークシャー・メイン、コートンウッド、ブルークハウスなど、闘争拠点をふくむ二二炭鉱が、八六年にはさらに一九炭鉱が閉鎖された。八五年から九二年までにはあわせて一二〇炭鉱が廃坑になる。同じ期間、残存炭鉱数は一〇九から一六に激減している（⑤146、275）。

残されていた解雇者問題についてはどうか。ＮＵＭ中執は被解雇者への生活支援のため組合員一人あたり週五〇ペンスを徴収することを提案し、全員投票で賛否を尋ねた。八五年三月二六日の投票結果は、五万四二九対五万八七二一の僅差ながら否決だった。投票率も組合員の五九％に留まり、ノッティンガムなどいくつかの地区は投票をボイコットすらしている（⑤149）。痛ましい結果である。二月にイージントン支部の提起した、犠牲となった解雇者のための組織的な賦課という主張は、NUM規模では実現できなかったのだ。こうして解雇者の生活支援は、解雇者の多寡を異にする各炭鉱の組合組織の交渉に委ねられることになった。

一方、救済ではなく解雇そのものの撤回は、エリアによって解雇数の格差が大きいゆえにスト収束の際の条件にすることができなかった。それもまた炭鉱レベルで交渉し続けるというのが、八五年三月三日の決定のなかに暗黙にふくまれていたNUMの方針であった。

けれども、NCBは、解雇者の生活保障に配慮せよという下院雇用委員会の勧告を一蹴して、解雇者の復職を拒み続けた。もっとも文献⑤によれば、二〇三名もの解雇者があったスコットランドでは下院の勧告を汲むかたちで解雇の再検討が行われ、八五年一二月末までには七五名が再雇用されていた。それにたとえ「違法」でもストライキをした炭坑夫は失職に値するのかという良識的な疑義も政界や世論の一角にはあって、六月二〇日のタイムス紙によれば、およそ一〇〇〇人（文献①では九六〇人）とされる当初の解雇者のうち約三八〇人は復職したという（⑤150）。

シルバーウッド炭鉱では八六年三月、一週間にわたる解雇撤回を求める意義深いストが敢行されている（②237–238）。けれども、雇用の場である炭鉱そのものの減少を背景にしたこの産業の人員削減の流れのなかで、こうした闘いは広がりをみせず、その独自的な重要性は次第に忘れられていった。解雇撤回をめぐるエリアごと、炭鉱ごとの労使交渉の成果ははかばかしいものではなかったといえよう。

経営主導の労使関係への変容

スト収束一年後の一九八六年三月、ヨークシャーのＮＵＭリーダー、デイヴ・ダグラスは、文献②を編集したラスキン・カレッジにあてて、経営権の強化された新しい条件のもとでも、復職マーチを、しかるべき安全措置や要員配置などのワークルールにもとづく「正常な働き方」への、残業拒否をふくむゲリラ戦へのはじまりにしたいと書き送っている。

それにはどうしても、とデイヴは論じた。炭鉱を収益性ある職場にするという、すぐにはＮＵＭ内でも多数の支持を獲得できないだろう新しい営みを必要とする。石炭公社のためでもなく労使協調への転換の模索でもない、それは石炭生産と雇用、われらのユニオン、他の労働者の生活ニーズへの貢献のためだ。このあたりドンカスターではほぼ一％だったかつてのスト破りも取り込み、ノッティンガムを中心に形成された民主炭鉱労働組合（ＵＤＭ）に加盟せず、ＮＵＭに留まれと呼びかけることも大切である。またこれからは発電所で働く労働者との連携が不可欠であると思う……（②236-238）。だが、いずれにせよ、私は信じている――

組合は決して打ちのめされておらず、総じて組合員は回復の力を持続している。女性たちはなお、あらゆる階級的・連帯的な闘い（struggles）に活発だ。炭鉱の人びと――子どもたち、女たち、そして坑夫たち自身は、人間的抵抗を記す書物の心の躍る新しいページを綴ってきており、

それはこれからの世代に誇らしく読まれるだろう（②239）

しかしながら、デイヴ・ダグラスのこのように柔軟なスタンスと戦略も、その期待も、自信を得たNCBの強力な経営権回復ドライヴのうちに挫折を余儀なくされてゆく。多くの炭鉱で、NUMの既得権を長年にわたり保障してきた協約や慣行が破棄され、労使関係は明らかに経営者優位に変わっていった。以下、特記しないかぎり、事象はもっぱら早川征一郎の文献⑤に依拠し、私見を交えて略記することにする。

例えば、NCBは八〇年代後半には、全炭鉱の賃金の標準化の枠組みであったNUMとの団体交渉の承認を忌避し、ノッティンガムに由来する穏健なUDMとの交渉を優先するようになった。そしてノッティンガムのようにUDMが従業員の過半数である場合には、アメリカ流の「唯一団体交渉」制度を採用して、NUMとの統一交渉を拒みさえした。こうして賃金交渉は炭鉱ごとに孤立した「ゲリラ戦」の傾向を強め、すでに刺激給制のもとで芽生えていたエリア・炭鉱間の賃金格差の拡大傾向を助長した。その際、ある炭鉱での有利な労働条件の獲得がたちまち他の炭鉱の労働者による「到達」をめざす非公式ストの波を引き起こすというイギリス労働運動の特有のつよみは、この産業ではもう失われたことが注目されねばならない。一般的な表現では、組合運動の「企業内化」がはじまったのである。

ほぼ一〇年後の一九九四年、イギリスの炭鉱はついに民営化された。NUMはもちろん民営化に反対して、九三年四月の二日間、ストライキを敢行した（⑤214）。だが、六ヵ月以内に三一炭鉱を閉鎖し三万人削減するという大合理化に続いて実施された民営化政策を動揺させるほどの闘争の規模と執拗さは、すでにNUMには期待できなかった（⑤214）。こうしてなお生き残る炭鉱は、競売などを通じて民間業者に売却されたのである。

新しい人事・労務管理の浸透

民営化は、それまでもNBCによって散発的に着手されていたさまざまの「新しい経営人事管理手法」の導入に強い拍車を与えた。列挙すれば、それは例えば、次のような内容をもつ。

(1)　職務の柔軟化――従来の職務単位ごとの管轄の枠を超えた「多能工化」／組合のジョブ・コントロール（職場の労働規制）の基盤だった「縄張り」（demarcation）の廃止

(2)　労働者間の雇用保障の差別化／四〇％にものぼる下請け労働者の活用

(3)　労働時間の柔軟化――残業時間の上限規制の緩和

それらは、イギリス労働運動の草の根ともいうべき、正規の雇用者としての伝統的な働き方への挑戦であった。総じてフレキシビリティ化と総括しうるこのようなワークルールの改変は、従業員の個人別管理の強化を通じて、従業員を組合規制をとびこえて働かせる措置にほかならなかった。私は炭鉱労働の現場そのものにさして知見をもたないゆえに、上の(1)～(3)の具体像を描けないもどかしさを感じるけれど、一般的にいえば、これらは、欧米型の職場労働の規制、ジョブ・コントロール・ユニオニズムを粉砕すべく一九八〇年代の企業にグローバルな規模で導入された新しい人事管理のかたちということができる。それは例えば、私もかつて文献研究と踏査を試みた八〇年代イギリスの日系企業がなんとか成功裡に導入した「日本的経営」(『日本的経営の明暗』一九八九年)と、発想と骨格において共通するものと思われる。

この時期のＮＵＭの組合員は、炭鉱によっては、彼らなりのワークルールを守る「ゲリラ戦」を試みたけれども、新しい民間業者は、ＮＣＢ以上に組合との団交や協議に否定的であり、労働者の発言権の確保は難しかった(以上⑤202-245)。結局のところ、長期的にみれば、ひたすら市場の要請に即応しようとする民間炭鉱企業は、労使関係を企業ごとに分断するとともに、経営者が手紙や訪問や面談を通じて個々の従業員に組合を介さずに直接アピールし、ひいては組合そのものを不要視させる人事管理に向かったのである(④226-227)。ちなみに、これを一般化して、稲上毅は、「サッチャー以後」のイギリス労使関係は、「〈企業〉と〈個人〉に向かって分散」してゆくだろうと記している(⑧202)。

2　石炭産業の衰退

冷厳な時代の変化

一枚の表がある。ストライキ以後の労働組合運動、労使関係、人事管理の以上に述べた変化を包み込む、石炭産業の長期的な帰趨を端的に物語るものだ。一九七五年以降一〇年刻みで、主要エネルギー資源別国内消費占有率、炭鉱労働者数、NUMなど労働組合員数の推移を示している。エネルギー源としての石炭は、一九七五〜二〇〇五年にかけて三七％から一七％にほぼ半減した。しかも二〇〇一年には、生産コストの安い国々からの輸入炭が国内生産を上まわっている。一方、石油はすでに七五年から、天然ガスも九五年には石炭を凌駕した。この表では二重計算になる石炭を省けば「電力」を生むエネルギーのなか大きな部分を占める原子力利用も徐々に増加した。石炭依存度の高いイギリスでも、急速ではないにせよエネルギー革命が進んだといえよう。忌憚なくいえば、石炭産業は斜陽化の一途を辿っている。

一九八五年に一四万人であった炭鉱労働者は、一〇年後には一万八八〇〇人、二〇年後には五九〇〇人になった。まことに加速度的かつドラスティックな減少である。それに伴いNUM組合

表　主要エネルギー資源別国内消費占有率と炭鉱労働者数の推移

	1975	1985	1995	2005
主要エネルギー資源別国内消費占有率				
石炭	36.5	31.5	22.4	17.0
石油	42.0	35.1	34.5	33.0
天然ガス	17.3	25.2	31.7	40.0
電力	4.2	8.2	10.5	8.4
炭鉱労働者数				
炭鉱労働者数		140,000	18,800	5,900
NUM組合員数		135,306	10,814	1,813
NACODS 組合員数		14,614	747	410

*早川征一郎『イギリスの炭鉱争議 (1984~85年)』pp165、263より作成
*「電力」には、主に原子力、ほかに水力、輸入電力などをふくむ

員は一三万五三〇〇人、一万八〇〇〇人、一八一三人と激減する。八五年には実に九七％だったＮＵＭの組織率も三一％に低下している。それはやはり大ストライキを闘った主体の著しい凋落というほかはない。

一九九六年の映画『ブラス！』が想起される。これは閉山間際のグライムソープ炭鉱を舞台とした、生活が破綻寸前の坑夫楽団員の集う「グライムソープ・コリアリー・バンド」が、苦難を超えてついに全国コンテストで優勝を遂げるまでの「事実にもとづく」物語である。ラストシーンで、帰途につくバンドのメンバーたちが、無蓋のバスでイルミネートされたビッグ・ベンを背景に演奏するのはエルガーの「威風堂々」であった⑲。炭鉱労働者たちは消えてゆく、矜持をもって「威風堂々」と退場してゆく。その映像は、八五年早春における復職マーチ

の群像のイメージに重なってくる。

「イエスタデイズ・バトル」

労働組合運動の評価軸を、その後の産業発展の推移や組合組織の盛衰というところに据えるならば、エネルギーの構成変化、石炭産業の衰退を背景として敢行された八四年〜八五年の大ストライキは、ある意味ではあらかじめ敗北を運命づけられた闘いだったということができよう。長期的な統計の否定できない数値は、このストライキはいわば「イエスタデイズ・バトル」とみなすことを正当化するかにみえる。これは「ラダイツ」運動にひとしいとする見解さえある⑯。

しかしながら、さらにより長期的な、グローバルな視野で考察するならば、労使関係的な総括ではつくせない今日的な問いかけが立ち上がるように思う。坑夫たちの敗北後の八〇年代以降の新自由主義の浸透、産業民主主義の制約、さらにはその環境のなかで庶民たちが生活を防衛しうる方途の選択の狭隘化。そうした時代の流れをいま反省的にふりかえりたい。そのとき、イエスタデイズ・バトルとしてのこの炭鉱大ストライキがどのような歴史的意義を担っていたか、そこにどのような伝承すべきレジェンドが生まれるのか。そのような問題意識に私は導かれる。いいかえれば、ある種の思想的または体制論的な総括が要請されるのだ。最終章ではそうした課題に鍬入れを試みたい。

第8章　思想的・体制論的な総括

1　サッチャーの勝利が招いた社会

新自由主義・個人主義・議会制民主主義

全国炭鉱労働組合（ＮＵＭ）がストライキの収束を正式決定した一九八五年三月三日、ダウニング街でのメディアのインタビューに応じたサッチャー首相は、今回の争議の勝利者は誰かと問われて、次のように答えている。

それは仕事を続けた炭鉱労働者、港湾労働者、発電所の労働者、トラックと鉄道の運転手、……それと同じく職場を守った管理者のみなさんです。言い換えれば、イギリスの産業の車輪を回し続け、ストにもかかわらず昨年記録的な生産高をもたらしたすべての人が勝利者と言えるでしょう。イギリスを守ったのは、働く労働者全員です（⑥465）

これは事実認識としては少なくとも一面的であり、むしろ今後の国民統合をめざす政権担当者としての願望のようにきこえる。しかし、そこにはまた、彼女の政治的な哲学、あるいは労働者に向き合う姿勢がまっすぐに吐露されている。サッチャーにとって誉むべき「労働者」は、列挙されたすべての労働者についてではないにせよ、NUMのピケの説得に応じることなくピケラインを超えた人びとであった。すなわち組合の集団主義を忌避して、個人として「働く自由」を守った労働者だった。

サッチャーが労働組合運動を全面的に否認したとまで断定することはためらわれる。けれども、彼女が二重の意味でユニオニズムを嫌ったことは確かだ。まず原理的な嫌悪がある。『回顧録』の随所で、サッチャーは、不安定だったドック労働者の雇用と最低保障賃金をついに安定させた「全国港湾労働スキーム」（NDLS）や、「ある特定の企業の雇用について認められた条件」はその産業全体に適用されなくてはならないという、七五年の雇用保護法に盛りこまれた「労働協約の拡張適用」を「ばかげた規定」と非難している（⑥135、440）。労働党支配の自治体で着手されていた、公共部門から民間に委託された業務に携わる労働者には公務員なみの賃金水準を保障するという、いわゆる「公契約」の慣行にも否定的だった。それらはいずれも、「支払い能力」のない関連・下請け企業に負担をかけ、結局、失業者を生むというのである。企業内のことについては、炭鉱の閉山にかんする労使協議への彼女の疑惑、経営の「最終決定権」への固執も同根であろう。

サッチャーは、なかま同士は競争しないという義理を守り、どこで働いても労働条件の「共通規制」を獲得しようとする組織労働者ではなく、労働市場の競争のなかに身をさらして懸命に身過ぎ世過ぎする未組織労働者を「イギリスを救う」人びととみなした。その労働者観は、明らかに企業間競争・個人間競争の開放をめざす新自由主義のそれであった。そして端的にいえば、新自由主義の志向と、労働者みずからが切実なニーズを守るためストライキやピケッティングによって闘う権利を行使するという産業民主主義の尊重とは、競争の開放VS制限という対抗軸をもつゆえに、少なくとも対立的であるということができる。

それればかりではない。サッチャーが労働運動の伸張を否定的にみるもうひとつの理由がある。保守党はストライキの続発が社会に「混乱」をもたらした七〇年代のあと政権を奪取した。その新たな旗手サッチャーは、八〇年代半ば、労働党政権のもとで社会民主主義の極北に近づいたイギリスでは、抑制なき産業民主主義の行使へのあまりの寛容さが、新自由主義への改革を妨げるばかりか、「民主主義」の統治を危うくしていると認識していた。その民主主義とはすぐれて議会制民主主義のことであった。炭鉱ストライキへの仮借なき対決は、直接的には、この統治の危機の打破をめざすものだった。

その問題意識を鮮明に示すサッチャーの忌憚ない発言をもうひとつ引用してみよう。『回顧録』の炭鉱ストライキを扱った章の末尾に彼女は誇らしくこう述べている。

イギリスは労働組合の同意があってのみ統合できる国だというのが、一九七二年から八五年までの世の智恵であった。どんな政府も、大ストライキを破ることはおろか、抵抗もできなかった。その日が……終わった。ストライキに抵抗するわれわれの決意は、一般の労働組合員に、戦闘派に闘いを挑む勇気を与えた。ストライキの敗退が立証したことは、左派ファシストがイギリスを統治不能にすることはできなかったということである（⑥466）

ストライキの初期・中期に展開された遊撃ピケなどは、確かに国会で決議された一連の労働法に違反する行動であった。しかし、「国には国の道、われらにはまたわれらの道」（高橋和巳『邪宗門』）というべきか、坑夫らは最終段階まで、高い代価を払ってもみずからの切実なニーズや掟に殉じ、違法行為を辞さなかった。サッチャーにとって、それは議会の決定への、そして法廷への「侮辱」にほかならなかった。

産業民主主義の意義

すでに序章でかんたんにふれたことだが、ここでもういちど産業民主主義の思想と制度について確認しておく必要がある。

産業民主主義とは、周知のように法律的には労働三権（労働組合の結成権、団体交渉権、争議権）

の保障のことであるが、労働者の権利擁護にとって枢要のポイントは、労働三権の保障が、その権利行使の具体的な行動の自由、例えば争議形態としてのストライキやピケッティングの選択の自由と、その行使への民法上・刑法上の免責をふくむことである。

あらためて確認しよう。有利な出自、ゆたかな財力、高度な学歴や特別の才能など、個人としての競争資源に恵まれていないふつうの労働者にとって、産業民主主義なくして民主主義はほとんど虚妄である。民主主義とはみずからの生活と人権にかかわる事柄への決定権、少なくとも決定参加権をもつことである。そしてふつうの労働者の場合、その「事柄」とは広義の労働条件にほかならない。産業民主主義の主体としての労働組合は、ふつうの労働者に、その労働条件の維持・向上への発言権、決定参加権を享受させる。NUMが最後まで炭鉱閉鎖に関する全国石炭公社（NCB）の「最終決定権」の承認を拒んだのも、この争議の究極の争点が思えば産業民主主義のゆくえ、その行動の規制へのNUMの諾否にあったことを明瞭に物語る。

さらに考察を進めよう。産業民主主義ではなく、もうひとつの民主主義の政治制度、すなわち各レベルの議会において労働条件を決定する仕組みを想定してみよう。多くの階層からの利益代表である議員たちは、特定の労働現場で働く人だけが痛切に感じるニーズをそれほどは理解できないのがふつうである。それゆえ議会は、企業経営者も交えた諸階層が承認できる水準で多数決の合意を果たし、その結果、ともすれば特定の産業・職場・仕事には厳しい労働条件を決定してしまいがちなのだ。議員の多数が保守か革新かで、この関係が決定的に異なるわけではない。

もちろん、例えば福祉・医療・介護といった対人サービス業のように、良好な労働条件がサービスの質量の改善を通じて公共の利益に資する場合もある。しかし、例えば公務員の高賃金が多かれ少なかれ財政の負担を招くことに代表されるように、特定部門の賃金上昇を抑制する議会の決定が「国民」には均分されたいくらかの利益になる関係のほうがより一般的なのだ。それゆえ、議員たちがある意味で「悩ましい」この関係に「国民的立場から」執着するならば、客観的にはそれは、多数者・国民一般による少数者・当該労働者の圧迫ともなるだろう。だからこそおよそ民主主義諸国は、具体的な労働条件の決定を、議会の決議ではなく、現場労働者の産業内行動の行使、すなわち団体交渉、ひいてはストライキおよびピケの行使に委ねることを、近代史の到達した叡智としてきたのである。そのうえ、産業民主主義の行使は、なんらかの「代表」に依存しない行動の直接性において、「ふつうの労働者によって」という民主主義の神髄、〈by the people〉を体現する思想ということもできる。

産業民主主義の試練⑴――生活を守る方途としての個人主義

このような意味において、私は労働研究の全過程を通して産業民主主議・産業内行動の信奉者であった。とはいえ、序論でも予告したことだが、今回イギリスの炭鉱ストライキの軌跡を追うなかで、厳しい試練にさらされた産業民主主義について、私はあらためて持論を再検討し、あらたに二つの課題を意識すべき必要性を学ぶことができた。

その一。長期的で強靱な産業民主主義の営みが実践できる主体的な土壌はなにか。

ストライキやピケはアトム化した労働者個人にはできない。労働者が日常的にそこに属し、構成員の人間関係につよい絆が息づいている、ある種の共同体・コミュニティにおいてのみ、それは可能になる。そのコミュニティは、歴史的に職業的属性に対応したさまざまの「労働社会」(⑪参照)や、職業が混在する地域の住民社会など多様でありうるが、この炭鉱ストライキの場合、それは炭鉱労働を基盤にした職場社会の組合組織であった。そればかりか、この組合の産業内行動は、坑夫たちとともに家族・親族・隣人が住むムラ・コミュニティに包容されて、まれにみる強靱さと持続性を発揮することができた。共同体としての性格は職場と地域を横断していたのだ。イギリスのみではない。例えば日鋼室蘭、三井三池など、一九六〇年までの日本の代表的な労働争議においても私たちは類似のありようをふりかえることができよう。産業民主主義を鼓吹してきた私は、こうした「主体的土壌」についてはなお、考察は抽象的で、視野は狭隘であった。端的にいえば、職場労働社会を支えるムラ・コミュニティへの関心が希薄だったのである。

ちなみにその主体の思想が、マルクス主義や社会主義や革命論に限られないことはいうまでもない。イギリスの炭坑夫の場合、それは「護るべきものを護る」「保守的ラディカリズム」であり、ムラ・コミュニティの倫理コードであった。ひるがえって、いま個人主義と集団主義を(A)「価値観」と(B)「生活を守る方途」というふたつの軸で区分してみよう。イギリスの炭坑夫の位相は、少なくとも(B)軸では個人主義ではなく集団主義であった。(A)軸では近ごろ個人主義も台頭していると論じられるけれど、労働者の場合、個人の尊厳は、(B)軸での集団主義なくしては護られないと考えられていたのである。

新自由主義の挑戦は、この(B)軸の集団主義を否定し、個人に競争的な身過ぎ世過ぎを強いることによって実質的に、(A)軸に属する個人の尊厳を空洞化させるものと規定することができる。

産業民主主義の試練(2)——要請される議会制民主主義とのバランス

その二。しかしながら一方、国民平等の選挙権・被選挙権を前提にした議会制度は、さまざまの問題点こそあれ、やはり大きな歴史的達成として「史上もっとも望ましい」統治形態と認識されている。とはいえ、新自由主義の旗手サッチャーをまたずとも、産業民主主義と議会主義というずれも否定することのできない両制度が、多かれ少なかれ、ある対立関係にあることはやはり直視されるべき事実である。それゆえ、抑制なき産業民主主義が議会の決定を脅かすと広く国民に意識されるような、日本では想定できないような局面に立ち至ったとき、私たちはどうしても、両者の関係におけるあるバランスの模索に導かれよう。

実のところ、イギリスの熟達の労働政治家やユニオンリーダーたちは、おそらく一九六〇年代のウィルソン内閣の頃から、このバランスの模索を続けていたように思われる。労働組合運動は、その強靱さの行き着くところ、不可避的に国民経済や地域経済に対する「結果責任」を求められる。そんな自覚から、彼らは、伝統的ユニオニズムが忌避してきた産業の効率性への配慮を加味した「生産性協約」や、一定の賃金格差が生まれる刺激給制の導入などの承認を余儀なくされてきた。そしてスタグフレーションのもとで、物価と賃金をともに抑制する所得政策の提案が下部労働者の反乱で次々に形骸化されると、賃上げ抑制の代わりに全般的な階級間所得再分配の諸策を政府に約束させる「社会契約」が提案された（⑩参照）。NUMの穏健な前委員長ゴームリー、名だたる左派組合のリーダーであった運輸一般労組（TGWU）のジャック・ジョーンズや機械産業労組（AUEW）のヒュー・スキャンロンなどでさえ、後に「ニューリアリズム」とよばれるこうした潮流に属していた。

だが、七二年のマス・ピケ、遊撃ピケをもってヒース政権を打ち砕いたNUMの次代委員長アーサー・スカーギルは、これらニューリアリズムの政策志向をすべてまやかしと断じ、「ピケではなく投票箱」という議会尊重の傾きを非難した。そのうえで、ひたすら平場の組合員の戦闘性に依拠して、八四年三月からのストライキの指導にあたった。労働党や労働界の指導者たちはすべて、この炭鉱ストライキに対して原則的・本能的に支持を表明した。けれども、いちいち挙例すればきりがないが、労働党のキノック党首、TUCの事務局長ノーマン・ウィリス、TUCの「右派」組合、それにNUMの「民主派」ノッティンガムのリーダーらは、くりかえし、全国投票の棚上げ、マス・ピケ、遊撃ピケ、ピケラインでの暴力などの「違法行為」を、すべての組合を危機にさらすものと批判し、その批判の程度に応じて支持の程度を調整した。そればかりではない。政治思想の左派と産業内行動のミリタンシーを同一視しがちなサッチャーには理解しがたいことながら、終始一貫、連帯を守った「左派」南ウェールズの理論家が同時にマス・ピケの限界を指摘したことも興味深い。そこは共産党の影響が強かった。政治的世論の動向に敏感な共産党なればこそ、彼らは、スコットランドとともに衰退傾向にあるこの地域の経済への影響を考慮して、たとえば製鉄所への遊撃ピケに消極的な立場をとり、またつねに「ピケよりももっと幅広い国民の理解を得る」戦略を勧めたのである。

私は一九七六年の著書『国家のなかの国家』において、一九六〇年から七〇年の労働党ウィルソン政権に対する労働組合の確執を分析したことがある（文献⑩）。その支持する政党の政権にさえ決してなびかなかった労働組合のビヘイビアの自立性に私は眼をみはり、この国の産業民主主義の草の根の強靭さを思い知らされた。とはいえ、この研究中も、非妥協的な労働運動が国民経済に与える影響いかんは、つねに問題意識の一角にあった。そして私は、例えば敗戦直後のような権力の危機にのみ可能な政治革命も、大規模なゼネストを通じての政治変革もさしあたり不可能な現代国家においては、強靭な産業民主主義は結局、社会契約の実現のような方向に向かうほかないのではないかと思い至るようになった。その具体的な道筋についてはさらに考察を必要とするけれど、それがさきに提示した「議会制民主主義と産業民主主義とのバランス」に関する私なりの冴えない仮説である。私はそれゆえ、スカーギルの指導に対する「ニューリアリズム」の批判にいくつかの点で納得する。

それ以上、議論を進めることは私にはできない。ただ、そのゆくてに展望される望ましい社会体制のありかたは、具体的な道筋はなお定かではないけれど、おそらく、労働組合、農民団体、商工業者団体、多様な市民グループなど、人びとが帰属する中間団体の自治的な行動が許される多元的な社会民主主義の社会、あるいは左翼の伸張によっては、かつての「労働者による産業管理」（Workers' Control）論の系統を引く「自主管理社会主義」のようなありかたであるように思われる。いずれにせよ、労働者による下からの経営権蚕食、そのかなたにある生産と労働のコントロールが新しい社会の内容形成となるだろう。

しかし、それにしても、私はなお産業民主主義のかけがえのなさに固執する。生き生きした労働組合運動なくしては、世界の労働者があらゆる過酷な体験をまぬかれることはないと確信しているからだ。サッチャーは、新自由主義の文脈でユニオニズムを離れた未組織労働者の働き方を推奨し、議会決定の尊重を楯として、大きな社会的な影響力を発揮した炭鉱ストライキを強権をもって叩きつぶした。それはふつうの労働者の雇用と生活にたいする平場の労働者の発言権の不許可であり、ひっきょう「バランス」回復の域を超えるほどの産業民主主義の否認にほかならなかった。以上に述べた二点は、サッチャーの組合嫌いの原点にある個人主義の至上視、集団主義・コミュニティの排除、民主主義の議会制度への収斂に対する私なりの対抗論でもある。

2 新自由主義のかなたに

新自由主義の支配する社会

企業間・個人間競争の開放をベースとする新自由主義の政策は、公共部門の縮小、行政改革、公営企業の民営化、社会保障費の「節約」などとともに、その必然の系論として産業民主主義の権利行使の制限、具体的には自由なストライキやピケの抑止を併せもつ。そして、成功裡にイギリスを「改革」したサッチャー流の新自由主義政策は、八〇年代から九〇年代前半にかけて、さまざまの偏差はあれ、多少とも「先進国病」を抱えていた多くの先進諸国において政権を奪取させていった。

なんらかの特権に恵まれないふつうの労働者を中心とする庶民は、労働組合運動やコミュニティの相互扶助や社会保障といった集団的な生活防衛に頼ることはできず、今や市場という「悪魔の挽き臼」（カール・ポラニー『大転換』原著一九五七年）によってアトム化された個人の競争的な努力をもって、懸命に生計費を稼がねばならなくなった。労働運動の冬の時代が到来した。数値的な確認のいとまはないが、この時期、とりわけ新自由主義の洗礼を受けた代表国、アメリカやイギリスや日本や韓国をはじめ、多くの先進諸国では、総じて労働組合の組織率も争議損失日数も衰退している。雇用が不安定で労働条件も劣悪な非正規労働者の激増は、その衰退のもっとも端的な指標ということができる。一九八五年以降のイギリスの炭鉱における労働組合の発言権の制約と経営の専制が際立つ労使関係に、その典型的な姿を見ることができよう。

この新自由主義の支配のもとでは、どの国でもジニ係数が高まったことに象徴されるように、社会的格差が広がり、新たな貧困層の累積がみられた。例えばイギリスでは、サッチャー政権発足の一九七九年からその退陣の九一年までに、ジニ係数は〇・二五から〇・三四に、収入が平均所得の六〇％未満の人の比率は一三％から二二％に高まったのである（インターネット情報。原資料はA・B・Atkinson&S・Molleli, Chartboook of Economic Inequality ECINEQ2014）。

一九九〇年代後半以降：対抗する潮流

しかしながら、この格差と貧困の現実、それが時代の哲学として「自己責任」とみなされる理不尽への人びとの怒りが、九〇年代半ば頃から、新自由主義の流れに一定の逆転をもたらした。格差社会のひずみをもっとも深刻に受けたマイノリティへの配慮をふくむ社会保障のフロンティア拡大が始まった。欧米の労働組合運動は、その中心的な担い手を製造業男性労働者から非正規労働者、サービス産業従事者、各種運転士、専門職、女性……など多様に変化させたとはいえ、顕著な復権を遂げている。賃金闘争はふたたび活発化し、九〇年このかた賃金は上昇トレンドを記録している。序論で紹介したイギリス二〇二三年二月の公務員五〇万人ストライキをいまいちど想起されたい。

とくに社会的格差が極端に大きく、底辺層の貧困がすさまじいまでになったアメリカでは、二〇〇〇年以降、「リヴィング・ウェッジ」運動にはじまる清掃労働者、教師、ファスト・フード雇用者などの組織化とストライキの勃発がめざましい。それらのストライキは、女性差別や人種差別への若者の抗議行動の噴出と相まって、しばしば広く市民の支持を受け、従来の組織労働者の産業内行動の枠を超えた「社会的労働運動」として展開されている。

とくに二〇一八年におけるイリノイ州にはじまり、二〇一九年ロサンジェルスで高波に達した公立学校教員のストライキに注目しよう。ここで教員組合は学校民営化に反対し、担当生徒数や新しいカリキュラムなど教育の内容の改善、さらにはホームレスなど極貧家庭の生徒に対する支援や公共住宅の新設なども要求に盛りこんで広く市民の共感を獲得した。教員組合のピケには保護者や生徒たちも加わった。今日の組織労働者の産業内行動の営みが、市民の協同する社会的労働運動に結実してゆくルートが、ここにほのみえるようである。

例外としての現代日本　労働運動の状況

私たちの国は、とはいえ例外的に、一貫してこの「逆転」の流れの外にあった。きわめて概括的ながら、賃金の動向をはじめとして日本の労働状況を瞥見してみよう。ＯＥＣＤの調べによれば、日本では一九九〇年から二〇二一年にかけて平均賃金（年収）の上昇率は、この間のアメリカの五三・二％、イギリスの五〇・四％にくらべて、わずか六・三％。ほぼ横ばいである。その結果、日本の賃金水準は二〇一五年以降、韓国のそれをも下まわっている。実質賃金でさえ、一九九七年を一〇〇とすれば二〇一六年には八九・六にまで低下した。この低迷はＯＥＣＤ諸国のなかではもちろん唯一の例外である。最近の春闘（というより春談！）は完全に形骸化している。あまりの賃上げの乏しさを経済運営の点から心配する自民党政府の「応援」にもかかわらず、暦年の実績はようやく「定昇分」二％程度であり、「ベースアップ」は一％以下なのだ。三〇年ぶりの大成功と喧伝される政府肝煎りの二〇二三年春闘にしても、正社員の賃上げは定昇込みで三・六七％、うちベースアップ分は二・一四％で、物価上昇分三・〇％に届いていないのである。

賃上げの不足は「失われた一〇年」に続く経済成長の停滞のゆえではない。他国に劣らない企業利益の内部留保が賃上げにつながらないのだ。その最大の原因が日本の労働組合の要求行動の弱さ、なかんずく完全なまでのスト離れにあることは論をまたない。日本労働研究研修機構の『データブック国際労働比較二〇一九年版』（文献⑱）によれば、例えば二〇一八年の日本のストライキ損失日数（争議件数×争議参加人数）は一（千日）にすぎない。同年のアメリカは二八一五、そもそも日本より労働者数の少ない国々、イギリスは二七三、ドイツは五七一、フランスは一〇二六、韓国は五五〇である。この信じがたいほどの数値差はそのまま倍率を表す。ストライキ損失日数は単年度の国際比較にはなじまないとはいえ、最近の春闘では労働組合のナショナルセンター連合の幹部が決して「ストライキ」を口にしないことを思えば、日本ではすでに、ピケはおろかストライキも皆無であると断じることができよう。

主流派労働組合は今や、労働条件を、まったく経済情勢の、もっと直接的には企業の支払能力の従属関数とみなしているかにみえる。労組に支援される「野党」も、スローガンは「賃金を上げよ！」ではなく「賃金の上がる経済を！」である。賃金はすでに労働者の自立的な行動なくして上下するものと観念されている。労働条件をストライキによって獲得しようとする思想も実践も徹底的に希薄になっている。要するに闘う気がないのだ。

賃上げの領域ばかりではない。日本の企業別組合は、およそ四〇％にまで増えた非正規労働者の被差別的な労働条件を傍観している。「働き方改革」の後でも、組合は、非正規労働者を組合員である正規従業員と同じ人事管理のなかに包容させ、両者の雇用保障・賃金・仕事配置などを同等に、少なくとも均等に処遇させるという課題を基本的に放棄している。では、組合員＝正社員のほうは、組合に守られているのだろうか。

一九六〇年代末以降、組合の問題意識から、企業社会に完全に浸透した能力・成果主義管理による人事考課（査定）を、なかま同士の競争を制限するというユニオニズムの原点からチェックすることが完全にぬけおちている。その結果、八〇年代には、非正規労働者よりは「恵まれている」はずの正社員の職場には、常態として次のような非情の連環が作動するようになった。

(1) 従業員間の競争激化。その結果の選別による、生き残る少数者と脱落する多数者の分化

(2) 労働法や労働協約による規制の希薄な、人事考課に左右される労働条件の「個人処遇化」

(3) 計画・遂行・検証・改善（ＰＤＳＡ）の自動回転のなかで個人に課せられる過重労働。その責任遂行へのパワーハラスメントに近い上司の督励

(4) そこに巻きこまれる従業員個人の、頻繁な心身の疲弊、「自発的」退職、適応の行き過ぎたときの過労死・過労自殺などの受難

(5) その受難が「個人責任」とみなされる「空気」

労働組合は、それらの受難の要因や背景を問うことなく、この「非情の連環」に空しく手をこまねいているばかりである。だが不思議なのは、例えば、上記それぞれの環にまとわりついているパワーハラスメントの頻発、二〇二一年には労災認定されただけでも一三六人に及んだ過労死・過労自殺の高止まり……などについて、労働組合の責任を指弾する声がほとんどないことだ。そのこと自体が、マスメディアも国民も、いや当の労働者さえも、すでに労働組合の役割というものに期待しなくなっていることの現れであろう。私が痛感するのは、労働者自身による労働条件の決定権、決定参加権を意味する産業民主主義への期待も、その有無を顧みる考え方もすでに枯れ果てているという寒々とした日本の風土と季節にほかならない（くわしくは⑪⑫参照）。

労働の界隈ばかりではない。庶民生活の全体についても、同じような現象が指摘できる。八〇年代には日本人が「血縁、地縁、社縁」から自由な個人になったと肯定的に語られもした。だが、その結果をみつめよう。まさにこの時期以降に顕在化したのは、アトム化した「個人」が、支援の中間団体やコミュニティの包容なく、成功の覚束ない必死の生計費獲得の競争に心身を疲弊させる光景であった。経済格差の拡大、下部に重く堆積する貧困層、実にさまざまのルートを通した社会的孤立などは、それらが必然的に招く病弊ということができる。

今日、人はコミュニティだけで生きることはできない。それが「同調圧力」の色濃い閉ざされた集団であるならば、それはある意味で窮屈で不自由と感じられる界隈だからだ。だが、特権をもたない庶民はまた、コミュニティなしに生きることもできない。生活の維持・改善の闘いは、他の人びととの絆をもたない個人ではほとんど不可能だからである。

「まともな労働組合」への未曾有の刑事訴追

私が八〇年代イギリスの炭鉱大ストライキの記録に屈み込んだのは、以上のように産業民主主義が息絶えようとしている現代日本にこそ発信したいと思ったからにほかならない。しかし、その直近の動機は実は、最近、あるまともな労働組合へのあまりにも常軌を逸した刑事弾圧事件に遭遇したことであった。この機会に、広くは知られていないこの「関西生コン労組弾圧」にかんたんにでもふれておきたい。

全日本建設運輸連帯労組傘下の産業別単組・関西生コン支部（以下関生支部）は、関西の生コン企業を横断して、しかも正社員・日雇い・派遣労働者を包括して、ミキサー運転手など関連労働者を組織する労働組合である。正社員を個別企業ごとに組織する、日本ではふつうの企業別組合ではない。その関生支部は、雇用主の中小生コン企業が、上流のセメント企業、下流のゼネコンという双方からの収奪ゆえに経営困難に陥り、それが雇用労働者の劣悪な労働条件に転嫁される状況を認識して、業者と協力して協同組合を構築し、「共同発注・共同受注」によって適正な生コン価格を設定させるように努力してきた。この協同組合と関生支部の間の集団交渉を通じての労働協約によって、適正な労働条件が確保されるわけである。

しかし、ときを経て協同組合の中心、大阪広域協組がボス企業に支配されるようになると、協約賃金の支払いが棚上げされ、その措置が近隣の協組にも広がりはじめた。そこで関生支部は協約遵守・適正賃金確保を求めるストライキをくりかえすほかなかった。今回の弾圧の契機となったのは、関西規模で敢行された二〇一七年の長期ストライキであった。

関生支部は、世界の産業別組合のならいとして、ストライキの実効性を保障するため、協同組合未加盟の関連企業の労働者、未組織の生コンやセメント輸送の運転手たちに、労働現場でストライキへの協力を要請する、きわめて穏健な短時間の説得ピケを展開した。ピケに関する日本の判例の極端な不寛容に配慮して組合は決してピケという用語を用いなかったけれども、競争企業や関連企業の未組織労働者の就業に対してピケを張るのは、企業横断組合にとって死活のニーズなのだ。むろん、なんらのバトルも、したがって現行犯逮捕もなかった。

だが、日本の権力は、かねてから、ストもピケも決してしない労使協調の企業別組合だけを「許容される労働組合」とみなしており、その狭窄された視野の外にある関生支部を「反社会的集団」、サッチャー流にいえば「内部の敵」として一掃しようとしていたのだ。二〇一八年夏以降、関西四府県の警察・検察・裁判所はまさに結託して、「直接の雇用関係にない」企業の営業と労働者の作業にも「介入」するこのストライキにかこつけ、例えば雇用保障や差別撤廃を求める以前の関生支部の活動さえも問題視して、二〇一八年七月から一九年五月にかけて実に八一人の組合員を逮捕し、六六人を起訴したのである。

二〇二二年秋の時点で、合わせて一一の刑事事件で、一六人が執行猶予つきながら有罪判決を受けている。この間、大阪広域協組のボスたちによる、生コン労働者の生存権に直截にかかわるあらゆる形態の不当労働行為はいささかも問責されていない。それを放置したまま、むしろそれを助長するかたちで、裁判所は「威力業務妨害」、ケースによっては「強要とその未遂」、「恐喝とその未遂」などの罪状を認定した。そのうえ検察は、拘留中の逮捕者に組合脱退を執拗に「説得」している。それ自体司法による不当労働行為にほかならないが、その条件で保釈された人、また大阪広域協の不当労働行為ゆえに生活が立ちゆかなくなった人を中心として、組合員の八〇％にも及ぶ組合脱退は不可避だった。

二〇二三年夏の今、協定外「アウト企業」の営業規制には直接ふれない事件では、いくつかの無罪判決が現れたとはいえ、産業別組合として当然の機能を守る困難な裁判闘争はなお続けられている。国際的には「まともな」この産業別組合は、すでに日本では「ふつう」でなく、ストライキをしたり、いかに穏健なものであってもみずからの雇用主以外の職場に説得ピケを試みたりする関生支部は、政財界からみれば粉砕されるべき存在なのである。

関生支部弾圧に反対する運動は、労働者、市民、知識人の間に一定広がってはいる。むろん産業内行動による支援ではなくデモや集会や声明の市民運動である。一方、連合や全労連をはじめとする労働界、代表的な「野党」、総じて「護憲勢力」は、権力のいう日本的な「ふつう」の組合観にすでに無批判になっている。それゆえ、この生きた組合活動に対する常軌を逸した弾圧に抗議し、強権を包囲して逼塞させる運動を組織する兆しは、さしあたり望めないのである。国際基準からみてその名に値しない労働組合が「ふつう」である異常な日本社会では、「まともな」労働組合はすでに異常とみなされているというほかはない（以上、くわしくは文献⑬）。

労働三権を明記する憲法二八条はもう有名無実なのだろうか。私たちの国のなんという偏狭なユニオニズム観、なんという産業民主主義の忘却だろうか。関生支部の穏健な闘いやその担い手たちの受難を思うとき、八四〜八五年イギリスの坑夫たちのありようやピケの光景が、いつも私の心によぎった。そもそも産業内行動の許容枠が日英間ではあまりにも異なるとはいえ、それは信じがたいほど対照的である。最後にもういちど、八四〜八五年イギリスの炭鉱ストライキの諸相をざっとふりかえってみよう。

むすびにかえて

フラッシュバック

イギリスの炭鉱ストライキは、分権的で自治的な産業内行動の集積であった。端緒としての八四年三月六日のコートンウッド炭鉱での非公認の職場行動、それが直ちにヨークシャーの多くの炭鉱の非公認ストを引き起こし、それに即応したNUMの公認もあって、全英の炭鉱に野火のようにストライキが広がった。個々の職場でのストがすぐに他の職場のストに波及する。ある炭鉱での意思決定の遅れは、先進的な炭鉱からの遊撃ピケの説得によって埋められる。私がまず刮目したのは、分権的でありながら強靱な連帯を根にもつ、そんなイギリス型労働組合運動の思想と行動であった。別の表現をとれば、八四〜八五年の炭鉱ストライキは、スカーギル委員長の情熱的なアジテーションに踊らされた群衆としての坑夫たちの暴動でなかったのはもとより、大組合の統一的な決議と指令にもとづく整然たるストライキでもなかった。

強権に抗って一年間の闘いを続けた坑夫たちとその家族たちの群像を、できるかぎり個々の炭鉱レベル、個人レベルに降りて掬うことが、私の関心の焦点だった。彼ら・彼女らは、もともと反保守党ではあったが総じて革新的な左翼ではなく、みずからにできる手段で「護るべきもの」を護りぬこうとして闘う、「保守的ラディカリズム」の人びとであった。その護るべきものとは、生計の手段としての雇用一般に留まらず、世代を超えて誇りをもって担ってきた国民経済に不可欠の炭鉱、連帯なくしては危険でさえあった採炭現場、同僚や隣人たちと相互扶助の絆を育んできたムラ・コミュニティ、そして労働内外の生活保障の枠組みとしての労働組合である。坑夫とその家族が、採算がとれないという理由でそれらすべてを奪う炭鉱閉山にどこまでも抗ったのは当然であった。

彼ら、彼女らは、そのように生き、そのように闘うに不可欠の心性（マンタリテ）、いわば倫理コードを内面化していた。その核はなかまへの義理だ。いくらか「やせ我慢」ながら、みんなのニーズを優先的に考える「義理立て」を貫くことに誇りと威厳がある。この人びとは「みんな同じボートに乗っている」とよく語ったものだ。決してスト破りをしない、コミュニティでは助け合う、乏しい生活手段はシェアする、もっとも困っている人びとに優先的に食糧や衣服や燃料をまわす……といった配慮は、その系論であった。個人主義の価値をある意味で相対化するこの生きざまを窮屈に感じた人もいたことだろう。しかし、この不自由をかこつ記録は、若い世代の語りのなかにもまったく見いだせない。それにもうひとつ、ストライキの界隈では、おそらく他国の「国民」の良識ではいぶかしく思われるだろうが、われらにこそできる、われらのニーズを護る闘いにおいては、保守党のつくった国法を無視することも最後の最後まで辞さなかった。

このストライキは、年金生活の親が息子夫婦の生計費を援助するなど、「家族ぐるみ町ぐるみ」だった。それは坑夫家族の従来の生活様式に大きな変化をもたらした。いくつか列挙したように、女性たちが変わった。彼女らは、社会意識に目覚めてキッチンのシンクに屈み込むことをやめ、イギリス労働運動史上はじめての規模で、男たちの占有していた組合活動のほとんど全領域に進出した。夫とともに「乱闘」のピケにも参加したばかりか、組合事務、情宣、通信連絡、拠金集めなどに不可欠の人材として、学校卒業以来眠っていた多様な社会的能力を発揮した。その当然の結果は、家庭内での従来の性別分業の平等負担への変化であった。

とくに中期・後期、ストライキの持続を支えたのは、ほとんどが女たちの創意にもとづくムラ・コミュニティの営みであった。ムラの組合員の自宅を訪問して生活のトラブルに対処する訪問活動や食糧パックの配布。全英からの、ときには海外からの拠金や物資援助を活かして運営されたフード・キッチン。ダーラムのイージントンで、その日のピケから戻った若者に大鍋の前に立つ女たちが笑顔で差し出すホットプレートの写真映像（①54）が美しい。それに長期間のあらゆる資金づくりによって各所で実現した子どもたちのためのクリスマス・パーティ。八四年一二月七日のヨークシャー・フリックレイでの、豪華ではないにせよ肉料理のディナーを前に、およそ数十人の子どもたちが催物に歓声を上げてはしゃぐ写真映像（①59）も忘れがたい。

文献①と④が随所に挿入する写真の多くは、力づよく心温まる支援のそれ以上に、このストライキの真摯さ、規模の大きさ、ポリス・バイオレンスの激しさを伝える映像である。いくつかのガラ・コンサートや抗議デモに集う人びとの密度と厚み。フルフェイスカバーをつけ楯を水平にして迫る治安警察を押し戻そうとする坑夫たちのスクラム。投石する坑夫たちを追い、騎馬上から長めの警棒で打ちのめし、警察犬をけしかけ、夜の炭鉱町をパトロール警備し、ミリタントとおぼしき労働者を逮捕する警官隊。血まみれで横たわる支援の労働者。そしてぼた山の石炭を拾う坑夫家族……。写真集の最終ページ（①68-69）は、八五年三月一六日、降りしきる雪のなかで行われたデヴィット・ジョーンズの死を追悼する大デモの写真である。

私のこれまでの記述は、労働者たち自身の記録や文献によって、その体験の多くを再現している。思えば、全期間を平均しておよそ一〇万人の炭鉱労働者とその支援者たちは、このようなすさまじい「労働争議」を一年間も続けたのだ。「連帯」はここでは空語ではなかった。その間には幾多の犠牲と苦難があり、その結末は避けがたい敗北だった。その意味ではこの炭鉱大ストライキは悲劇的だったかもしれない。また、「過激」な紛争はTVの海外ニュースでしか目にしない「平穏な」日本に生きている多くの読者は、たとえ警察の容赦なき「実力行使」に対する必死の抵抗だったとしても、坑夫たちのゲリラ的「暴力」にはやはり眉をひそめるかもしれない。だが、それはひっきょう、強権の合力に対抗するラディカリズムのやむをえない惰力だったということができる。すべてをふりかえって、私はここに、言説の表明に留まらない身体を張った産業民主主義の思想と行動の意味を確認するものである。

その思想と行動は、他産業の労働者、女性たちの参加、広汎な市民の支援を引き起こしてイギリスを揺るがせた。この「労使紛争」は明らかに、現在、その意義がグローバルに注目されている社会運動的労働運動の展開にまでいたった。誤解を怖れずにいえば、その物語を書くことは、ときにさまざまの辛苦に胸をつかれたとはいえ、労働者の発言権というものをおよそ民主主義にとってかけがえのないものとみる私のよろこびであった。いや復職マーチに加わった群像のなかにも、このストライキ期間を、生きがいを感じることのできた「人生最良のときだった」と誇らしく語る人もいたのである。

新自由主義に対抗する労働運動のレジェンド

一九八四～八五年のストライカーの多くは、おそらくこの闘争を新自由主義に対する抵抗戦と明瞭に自覚していたわけではないだろう。けれども、終章の前半で述べたように、サッチャー政権の新自由主義は、産業民主主義の抑圧、産業内行動を担う労働組合の弱体化、労働者階級の個人への分解、市場主義にもとづく炭鉱閉鎖の推進、そしてムラ・コミュニティの崩壊などをめざしていた。サッチャーは「社会というものはありません。あるのは個人と家庭だけです」と語ったという。少し議論を広げれば、その行き着くところは、おそらく私たちにとって望ましい体制としての、日常的に帰属する自治的で自立的な中間団体・〈社会《ソサイエティ》〉の存立と行動が許されるような、多元的な民主主義社会の否定であろう。炭鉱ストライキは、客観的には、そのような新自由主義の支配への、労働組合運動による、最初の異議申し立てにほかならなかった。

それからすでに三九年が経過した。もう過去のことというべきか、あるいはつい先日のことというべきか。いずれにせよ、すでに新自由主義のひずみが明瞭になっている現在、その思潮の浸透に連帯的に抵抗しようとする世界のユニオニストにとって、そして生活の困難も「個人責任」と突き放される多くの「下積み」の庶民一般にとって、イギリスの炭鉱労働者たちの八四年〜八五年の大ストライキは、その敗北の悲劇的な帰趨にもかかわらず、新自由主義に対する抵抗の先駆として、記憶され伝承され続けるだろう。むろん私にとっても、それはとくに産業民主主義のあまりにも希薄な日本の働く人びとに語り続けたいレジェンドでありつづける。

■主要参考文献一覧　順不同

① Striking back; Photographs of the Great Miners' Strike 1894–1985（words：Mike Simons） 2004 Bookmarks publication Ltd

② Raphael Samuel et.al ed. The Enemy Within; Pit villages and the miners'strike of 1884-5 1986 Routledge & Kegan Paul

③ Peter Wilsher et.al / With the Sunday Times Insight Team Strike; Thatcher, Scargill and the Miners Andre Deutsch 1985

④ Alex Callinicos and Mike Simons The Great Strike; the miners' strike of 1984-5 and its lessons A Socialist Worker Publication 1985

⑤ 早川征一郎『イギリスの炭鉱争議（1984～85年）』、御茶の水書房、二〇一〇年

⑥『サッチャー回顧録――ダウニング街の日々（上）』〈石塚雅彦訳〉、日本経済新聞社、一九九三年

■副次的な参照文献

⑦『父さんの贈り物――イギリスの炭鉱の子供たちが書いたストライキの本』〈山崎勇治・田中美保子訳〉、レターボックス社、一九八七年

⑧ 稲上毅『現代英国労働事情――サッチャーイズム・雇用・労使関係』、東京大学出版会、一九九〇

年
⑨ジェームズ・ブラッドワース『アマゾンの倉庫で絶望し、ウーバーの車で発狂した――潜入・最低賃金労働の現場』〈濱野大道訳〉、光文社、二〇一九年
⑩熊沢誠『国家のなかの国家――労働党政権下の労働組合・1964–70』、日本評論社、一九七六年
⑪――『労働組合運動とはなにか――絆のある働き方をもとめて』、岩波書店、二〇一三年
⑫――『過労死・過労自殺の現代史――働きすぎに斃れる人たち』、岩波現代文庫、二〇一八年
⑬――「まともな労働組合の受難――全日本建設運輸連帯労組関生支部刑事訴追裁判鑑定意見書」(『挑戦を受ける労働基本権保障』旬報社、所収) 二〇二一年
⑭栗田健編著『現代イギリスの経済と労働』、御茶の水書房、一九八五年
⑮富田浩司『マーガレット・サッチャー――政治を変えた「鉄の女」』、新潮選書、二〇一八年
⑯内藤則邦「イギリスの炭鉱ストライキ」(『日本労働協会雑誌』三〇九号) 一九八五年二月
⑰松村高夫「イギリス炭鉱ストにみる警備・弾圧態勢」(『大原社会問題研究所雑誌』三九〇号) 一九九一年五月
⑱日本労働研究研修機構『データブック国際労働比較二〇一九年版』二〇一九年
⑲炭鉱ストを背景にしたイギリス映画三本のパンフレット――『ブラス!』(一九九六)、『リトル・ダンサー』(二〇〇〇) ／『パレードへようこそ』(二〇一四)

■イギリス炭鉱ストライキ略年表

＊炭坑夫、労働組合、支援グループ、政府、石炭公社、裁判所、交渉と協定、報道など原則として「日」を特定できる主な出来事のみ記載
＊「／⇒」は、前項の出来事への関係者の対応を記す
＊エリア略称：ヨークシャー＝Y、ノッティンガム＝N、スコットランド＝S、南ウェールズ＝SW
＊組織・機関などは初出のほかは英文略称で表記

一九八四年

三月

一日　石炭公社（NCB）、コートンウッド炭鉱の閉鎖アナウンス
六日　コートンウッドの坑夫たち、ストライキ突入
六日　NCB、石炭業の合理化提示（二〇炭鉱閉鎖、炭坑夫二万人削減）／⇒以降、ヨークシャー（Y）、スコットランド（S）、ケント、ダーラムなど各地にストライキの波。全国炭鉱労働組合（NUM）のY、Sのエリア組合（以下AU）、ストライキ公認
八日　NUM中執（executive）、全国のストライキ公認
一二日　全英の坑夫の半分はスト入り／Yのアームソープ炭鉱などからノッティンガム（N）諸炭鉱への遊撃ピケ開始
一四日　警察庁に、全国情報センター（NRC）を強化・再編／Nに警官八〇〇〇人を投入

一五日　南ウェールズ（SW）のNUM・AU、ストライキ決定へ（炭鉱スト全国化の指標）
一五日　Nのオラートン炭鉱でYの坑夫デヴィッド・ジョーンズが死亡
一六日　NのNUM・AU、NUMが全国投票しないかぎりスト不参加・ピケは無視と決定
二九日　鉄鋼、鉄道、運輸、海員など五組合、全英の石炭・コークスの輸送拒否の決議
三〇日　鉄鋼労働組合連合（ISTC）闘争支持を撤回

四月
三日　レスターシャー・コールヴィルの鉄道員、炭鉱関係の輸送拒否（スト終結時まで継続）
六日　六〇名の市民によるシェフィールド警備監視団（SP）結成
九日　SW、S、YのNUM・AU指導部、当該地の製鉄所に一定の石炭・コークスの供給を鉄鋼公社（BSC）と協定／⇒一般組合員（R&F）の反抗、Y、Sで非公認ピケが頻発
一一日　炭鉱保安・監督者組合（NACODS）、NUMストを僅差で支持
一二―一三日　NUM、ストライキの全国投票回避、地域ごとのスト承認を容易にする規約改正
二五日　Y、SWのNUM・AU指導部、当地の製鉄所に一定の石炭・コークス供給を再度確認
二九日　NCB、NUMにピット閉鎖をめぐる協議（meeting）よびかけ

五月
一四日　Nのマンスフィールドで大規模なデモ、警察の弾圧で五七人逮捕

二三日　NCBとNUM、はじめて協議、「非経済的な炭鉱閉鎖」に合意なく頓挫
二五日　Nでストライキ反対派、就労坑夫委員会（NWMC）を結成
二六日　オーグリーヴからスカンソープ製鉄所へのトラックでのコークス輸送の本格化
二九–三〇日　オーグリーヴの攻防（逮捕者は二九日に八二人、三〇日に三五人）
三一日　オーグリーヴのバトル継続、坑夫ら三〇二二人の警官と対峙

六月
八日　高等法院（HC）、「NUMの年次大会は無効」
八日　NCBとNUM協議／⇓六・一三、決裂
一五日　坑夫ジョー・グリーン、フェリー・ブリゴーA発電所のピケで事故死
一八日　オーグリーヴ最後の攻防（一万人の坑夫vs.七〇〇〇人の警察、逮捕者九三名、負傷八〇名）
二七日　労働組合会議（TUC）南西地区の行動日、鉄道労組二四時間スト、五〇の学校で非公式スト、五万人デモ
三〇日　エコノミスト誌の世論調査発表、NUMのストライキ支持は三五％

七月
四日　NCBとNUM協議／⇓七・九、NCBは三・六閉鎖提案は再検討と譲歩、NUMは拒否／⇓七・一八、閉山の最終決定権（以下、FD権）の所在をめぐり決裂

九日　ＮＣＢ、復職促進運動（ＢＷＤ）プラン策定／⇓北ダービーシャーで家庭訪問によるスト離脱の働きかけ開始
九日　ドンカスター郊外ロシントン炭鉱で復職者（スト破り）争奪のバトル
九日　運輸一般労組（ＴＧＷＵ）、第一次全国ドックストライキ／⇓七・二一、ドックスト終結
一八日　Ｎの復職坑夫たち、ＨＣのＮＵＭ大会を無効とする認定を獲得／⇓Ｎで一斉の復職
二〇日　サッチャーの「内部の敵」スピーチ
三一日　ＨＣ、ＳＷのＮＵＭ・ＡＵにピケ制限の労組法違反ゆえに五万ポンドの罰金

八月
一六日　ＨＣ、ＳＷのＮＵＭ・ＡＵに、七・三一の命令無視（法廷侮辱）の罪で七〇・七万ポンドの資産凍結
二〇–二三日　ダーラムのイージントン炭鉱で復職者（スト破り）争奪のバトル
二一日　フィナンシャル・タイムズ（以下ＦＴ紙）報道、拠点地域ではスト離脱は〇・一五％のみ
二一日　Ｙのシルバーウッド炭鉱でひとりのスト破りを警官が確保したことでバトル
二三日　ＴＧＷＵ、第二次ドックストライキ突入／⇓九・一八収束
二八日　ＨＣ、Ｙのスト破りの訴えに応えて「全国投票を経ないスト」に禁止命令

九月
三日　ＴＵＣ大会、炭鉱ストライキの「全面支援」決議

九日　NCBとNUM、TUCも交えての協議開始／⇓九・一五、FD権の点で合意なく決裂
一一日　全国就労坑夫委員会（NWMC）結成
二四日　Yのモルトビー炭鉱で典型的なピケ弾圧の警察のバイオレンス
二七日　大衆紙サンの印刷工二組合、坑夫を侮蔑する記事掲載を拒否／⇓次週二日間、新聞は休刊
二八日　NACODS、NCBの八・一五回状に憤激して一〇月末のストライキ決議

一〇月

六日　政府の諮問・調停・仲裁機構（ACAS）で炭鉱ストに介入する討議開始
一〇日　HC、Y・AUの八・二八命令無視（法廷侮辱）に対し、NUMに二〇万ポンド、委員長に一〇〇〇ポンドの罰金／⇓一〇・二六、一〇・一〇の命令無視（法廷侮辱）に対し、NUMの全資産一億七〇〇〇万ポンドの凍結命令
一二日　Yのグライムソープ炭鉱でぼた山の石炭を拾う住民を逮捕／⇓以降一〇・一七まで炭鉱ムラでの治安警察と住民のバトル
一五日　ACAS調停によるNCBとNUMのトーク挫折
一九日　電力・電子関係労働組合（EEPTU）、八四％の多数で炭鉱ストに反対決議
一〇月下旬　ポンテフラクト坑夫支援女性グループ（WSG）、電力会社に掛け合いスト家庭への電気供給を確保
二三日　NCBとNACODS、スト決行の前々日、ACAS提案で妥結

三一日　ＮＣＢとＮＵＭの交渉決裂（「閉鎖は独立の調査機関に」はＹＥＳ、ＮＣＢのＦＤ権はＮＯ）

一一月
二日　ＮＣＢ、一一・一九までの復職者に六五〇ポンドのクリスマスボーナス支給と発表／⇓一一・二三、一一・三〇までに復職すればさらに一五ポンドを加算と発表／⇓一一・一〇〜一二・一五の復職者は一・六万人強
五日　ＮＵＭ代議員大会、ストライキ続行決議
九－一〇日　コートンウッド炭鉱で一七人の復職者の入門をめぐる凄惨なバトル
一八日　ＮＢＣ調査、坑夫一八・二五万人のうちストライカーは一三・五万人、復職者は四・七万人
一一月中旬　西Ｙのエアデールでスト派坑夫の一隊がフライストン炭鉱の復職者を襲撃
三〇日　ＳＷで復職者を運ぶタクシーの運転手が陸橋から落とされたコンクリート片で死亡

一二月
三日　ＮＵＭ代議員大会、資産凍結への対処でＴＵＣへ支援訴え／⇓一一・七、ＴＵＣ・総評議会は拒否
六日　ＴＵＣ、ＮＵＭに「違法行為・法廷侮辱」をやめさせるという条件でＮＣＢに協議再開を要請
七日　Ｙのフリックレイで子どもたちのための大規模なクリスマス・パーティ（代表例）
一〇日　ロンドン・キャムデンでレスビアン＆ゲイ・グループ主催のスト支援ライヴ
一七日　ＮＣＢのマクレガー、ＴＵＣの和平希望を一蹴

一八日　ロンドン郊外ダゲナムのテキサコ石油配送所の運転手二人、坑夫のピケ破りを拒否／⇓停職処分に対し抗議スト勃発／⇓ストがキャンベイ島の製油所に拡大

一九八五年

一月

一日　SWのNUMリーダーのキム・ハウエルがスカーギルの戦略批判
一二日　Yのシルバーウッド炭鉱で最後のマス・ピケ
一月下旬　SWのNUM・AU「協定なきスト収束」を提起／⇓NUMの各地域に浸透
二九日　NUMの一部指導部、TUC書記長、NCBハト派役員による非公式の予備折衝が挫折
二九日　Yのコートンウッド炭鉱で最後のマス・ピケ

二月

一日　首相、非経済的炭鉱の閉鎖とNCBのFD権の確保についてNUMの同意文書を要求
六日　FT紙、地域別復職者詳報、「拠点炭鉱ではなお復職はごく少数」
一二日　HC、Yの一一炭鉱のストとピケをあらためて非合法と裁定／⇓Yリーダー、はじめて命令を受諾（マス・ピケ終焉の指標）
一三日　NCB、TUC書記長の折衝に対し最終案を提示（炭鉱調査の結果の労使合意に関わらずFD権は護持）／⇓NUMは拒否

一九日　TUC書記長、首相、エネルギー相と会談、TUCは労使関係の原則からNCBのFD権の不適切さを訴え、サッチャーは拒否
二〇日　NCB、エネルギー相の要望に対し第二次の最終案提示（FD権は護持）／⇒一二・二一、NUM代議員大会、第二次最終案を拒否、ストライキの継続決定
二一日　ヨークシャーメイン炭鉱で女性たちが警官隊と激突
二四日　ロンドン・トラファルガー広場で一・五万人の集会・デモ、一一二名逮捕
二五日　総括的推計、BWDに応じたのは累計七・八万人、ストライキの貫徹者は七・四～八・七万人
二六日　ダーラムのイージントン炭鉱の支部、条件付きで「協定なきスト収束」決議
二六日　SWのマーディ炭鉱、七〇〇〇人中六〇〇〇人参加の集会で「協定なきスト収束」決議
二七日　NBC発表、復職者ついに過半数五〇・七五％に
二月下旬　SW、ダーラム、ランカシャーの諸炭鉱「協定なきスト収束」決定、Sは解雇者の救済という条件で同様の決定、Yは紛糾の末、僅差でスト継続決定
二八日　NCBのマクレガー、被解雇者は再雇用されないと言明

三月
三日　NUW代議員大会、九八対九一でSW提案の「協定なきスト収束」決定
三月上旬　各地の炭鉱街で「仕事に戻るマーチ」（Back to Work March）
九日　ケント、スコットランドで解雇者救済を求める五〇〇〇人のストライキ

一六日　デヴィッド・ジョーンズ追悼デモ
二六日　NUMの解雇者に週五〇ペンス拠金提案、僅差で否決

あとがき

一九八四〜八五年のイギリスにおいて力つきるまでサッチャー政権に抗った炭坑夫たちのことは、いつか書き残したいと私はながらく思い続けてきた。二〇〇六年の甲南大学退職時につくった炭鉱ストライキに関する研究室の蔵書いくつかの拡大コピーを一読して、深い感銘を受けていたからである。けれどもそれ以降一五年ほどの私は、格差社会、企業別労働組合、過労死・過労自殺など、現時点の日本の深刻な労働問題に立ち入る著作に没頭するばかりだった。しかし、高齢化もきわまってもうあまり新しい研究の余力がないと覚った昨年、私は突然、長年の心の負債を返すかのように、八〇年代以降の世界に浸透する新自由主義に対抗した労働組合運動の先駆としてのこのストライキの軌跡に、「残存能力」の総てを注いで屈み込む気になったのだ。これは間違いなく私の最後の著書である。

はじめたのは二〇二二年春。文献の精読、ノートづくり、レジメの構想、文献のエピソードのレジメへの配置などの心労多い作業を続け、執筆は九月の八四歳の誕生日から年末までだった。もうかつてのように週六日、午前と午後、作業を続ける体力はなかった。集中力も衰えているのか、校正のときボンミスがかなりあったことに気づいてみずからを嘆いた。それだけに、人びとの佇まいを正確に再現できているかの不安もあって、くりかえし早朝覚醒に悩まされもした。

それでも、ともかくこの小著が公刊に到ることができたのは、実に多くの方々からの温かい励まし、口添え、アドヴァイスに恵まれたおかげである。お名前をすべてあげるのは控えるけれど、とくにかつて筑摩書房で多くの拙著を手がけていただいた岸宣夫氏のまことに適切な内容へのアドヴァイスは忘れられない。かつての大学教員組合の理学部役員、道之前允直氏は、私のあらゆるパソコンのトラブルの際、西宮から駆けつけてくださるかけがえのないホームドクターであった。また老妻・滋子はいつもながら、批判よりはまず「良かったところ」を語る最初の原稿の読み手であり、校正では不可欠のヘルパーだった。

本書の意義を汲み、ある意味で「反時代的な」この出版を英断されたのは旬報社の社長、木内洋育氏である。編集の実務担当の若手、川嶋みく氏には、行き届いた校閲を通じて原稿の不備や必要な情報を指摘していただいた。あらためてお二人に感謝を申し述べたい。

研究環境の制約もあって、率直にいって本書がアカデミックな意味で厳密な労働史になっているという自信はない。とはいえ、坑夫たちやその妻たちに思い入れる共感とクールで客観的な状況判断との共存という、研究者に必要なスタンスはそれなりに守られているという私なりの自負はある。ともあれ、現代日本の風土と季節では「市場性」が危惧されもするこの「物語」が、想定外に広く読まれることを今はひたすら願うばかりである。

二〇二三年晩夏　　熊沢誠

◉著者紹介

熊沢 誠（くまざわ・まこと）

一九三八年三重県生まれ。六一年京都大学経済学部卒業。六九年経済学博士。六一年〜〇六年甲南大学経済学部に奉職。九六年社会政策学会学術賞受賞。主な著書に『国家のなかの国家――労働党政権下の労働組合1964-70』（日本評論社 一九七六）、『新編 日本の労働者像』（ちくま学芸文庫 一九九三）、『能力主義と企業社会』（岩波新書 一九九七）、『女性労働と企業社会』（岩波新書 二〇〇〇）、『格差社会ニッポンで働くということ』（岩波書店 二〇〇七）、『労働組合運動とはなにか』（岩波書店 二〇一三）、『過労死・過労自殺の現代史――働きすぎに斃れる人たち』（岩波現代文庫 二〇一八）など。

イギリス炭鉱ストライキの群像

新自由主義と闘う労働運動のレジェンド

二〇二三年九月二〇日　初版第一刷発行

著者　熊沢 誠
ブックデザイン　坂野公一（welle design）
編集担当　川嶋みく
発行者　木内洋育
発行所　株式会社 旬報社
〒一六二-〇〇四一
東京都新宿区早稲田鶴巻町五四四
TEL　03-5579-8973
FAX　03-5579-8975
ホームページ　https://www.junposha.com/
印刷・製本　精文堂印刷株式会社

ISBN978-4-8451-1839-7